TROISIÈME ÉDITION

HISTOIRE
D'UN
HOMME ENRHUMÉ

PAR P.-J. STAHL

SUIVIE DU VOYAGE

OÙ IL VOUS PLAIRA

PAR

A. DE MUSSET ET P.-J. STAHL

PARIS

COLLECTION HETZEL

J. HETZEL, LIBRAIRE-ÉDITEUR

18, RUE JACOB

1864

— 3ᵉ ÉDITION —

HISTOIRE

D'UN

HOMME ENRHUMÉ

PAR P.-J. STAHL

VOYAGE

OU IL VOUS PLAIRA

PAR

A. DE MUSSET ET P.-J. STAHL

PARIS

COLLECTION HETZEL

J. HETZEL, LIBRAIRE-ÉDITEUR

18, RUE JACOB.

Tous droits de traduction et de reproduction réservés.

1864

PARIS. — J. CLAYE, IMPRIMEUR
RUE SAINT-BENOIT, 7.

HISTOIRE
D'UN
HOMME ENRHUMÉ

—

VOYAGE OU IL VOUS PLAIRA

—

INTRODUCTION

DE LA PREMIÈRE ÉDITION

LES DOUZE PIGEONS DE MON VOISIN.

J'ai pour voisin de campagne, dans le coin du pays wallon où je me suis retiré, un bon et aimable garçon, Pierre de P***, mon compatriote, et l'un de mes plus anciens camarades d'enfance. Je l'avais connu riche. Le hasard me le fit retrouver il y a quelques mois, après l'avoir perdu de vue pendant de longues années. Ce n'était plus le brillant dandy dont le luxe avait occupé Paris. Il était à peu près ruiné, mais il avait remplacé par beaucoup de philosophie la fortune qu'il avait follement dissipée.

Grand sportman autrefois, ses succès sur le turf et sa passion pour les bêtes en général, et pour les

chevaux en particulier, avaient amené la perte presque totale de son patrimoine.

De chevaux, il n'en pouvait être question pour lui désormais; la médiocrité de son revenu lui interdisait d'y songer, et il s'était rabattu sagement sur un goût moins dispendieux. Il avait fait de sa maison un colombier; elle était pleine de pigeons. Ces oiseaux et trois vieux chiens, débris de ses meutes passées, suffisaient à son bonheur. Il vivait satisfait entre les aboiements de ceux-ci et les roucoulements de ceux-là.

Un commissionnaire de chemin de fer lui apporta, un matin que je me trouvais chez lui, un panier d'osier recouvert de toile de façon que l'air pût y pénétrer, mais non la lumière.

A cette vue, la figure de mon voisin s'éclaira. Tout était devenu distraction dans sa vie monotone.

« Bravo! s'écria-t-il, voilà les pigeons que j'attendais de France.

— Eh quoi! lui répondis-je, encore des pigeons?

— Ceux que je vais te montrer ne me ruineront pas, me répliqua-t-il, je ne les garderai guère. Tu vas voir! »

Et, prenant le panier :

« Viens au haut du jardin. »

Quand nous fûmes arrivés sur le plateau d'une petite éminence qui dominait le pays, il défit les cordes qui entouraient le panier et enleva subitement la toile qui leur servait de couvercle.

Le panier contenait douze beaux pigeons que la vue de la lumière sembla étonner d'abord plutôt que ravir. Le toit de leur prison venait de disparaître. On eût dit qu'ils ne pouvaient croire à cet enchantement, et ils montraient ce touchant embarras que doivent éprouver des prisonniers, quand la liberté vient tout à coup les surprendre après une étroite captivité.

Bientôt cependant ils se remirent un peu.

Plus résolu que ses compagnons, l'un d'entre eux se hasarda à sauter sur l'anse du panier. Les autres, voyant qu'il ne lui arrivait aucun mal de cette hardiesse, prirent courage à leur tour et se perchèrent à l'envi sur les murailles de leur prison.

Ils comprenaient enfin qu'ils étaient libres. Mais il faut croire qu'il manquait quelque chose d'essentiel à cette liberté, car ils ne s'empressaient pas d'en jouir et se contentaient de battre des ailes avec une agitation qui paraissait tenir de la fièvre plus encore que de la joie.

Il aurait fallu être aveugle et sourd à la fois pour ne point deviner le sens de leur émotion. Il était clair que leurs regards inquiets interrogeaient les lieux environnants et que le résultat de leur examen était loin de les satisfaire. Leur anxiété était grande. Ils se voyaient dans une contrée inconnue et se questionnaient vivement sur le parti à prendre.

Si jamais pantomime fut éloquente, ce fut bien celle de ces douze pigeons! il n'était pas un mouvement de leurs intelligentes petites têtes qui ne voulût dire : « Nous ne sommes point ici chez nous; où sommes-nous? »

Dès qu'il leur fut prouvé qu'ils n'en savaient rien et qu'ils ne l'apprendraient pas en restant perchés sur les bords de leur panier, leur hésitation cessa brusquement. Ils prirent leur vol, sans plus attendre, tous à la fois. On eût dit un faisceau de flèches emplumées qu'une main puissante aurait lancées au-dessus de nos têtes.

Quand ils furent parvenus à une hauteur suffisante pour pouvoir de là embrasser l'immensité des airs, il me parut qu'ils tinrent encore entre eux une sorte de conseil. Ils tournoyaient et se croisaient en tous sens, scrutant des yeux l'espace et se rapportant mutuellement leurs observations.

« Ils cherchent leur direction, me dit Pierre. Sois tranquille; ce ne sera pas long. »

Cela ne fut pas long, en effet. Déjà ils étaient d'accord ; déjà leurs regards, mais n'était-ce bien que leurs regards? avaient fait reconnaître aux pauvres petits voyageurs involontaires le chemin de la patrie perdue.

Leurs ailes s'agitèrent à l'unisson, leurs roucoulements se confondirent, ce ne fut plus qu'un chant, un hymne à la France sans doute, un salut au pays aimé, et ils partirent rapides comme le vent.

Je suivis des yeux aussi longtemps que je le pus, à travers les profondeurs du ciel, le nuage noir que formait à l'horizon le petit bataillon ailé regagnant à tire-d'aile nos frontières.

« Dans deux heures, me dit Pierre consultant sa montre, c'est-à-dire à midi et demi, mes douze gaillards auront revu leur pigeonnier. Mais que diable as-tu donc? Tu as l'air morose et pensif! Le spectacle d'une bande de pigeons voyageurs est-il donc si lugubre?

— Mon Dieu, non, lui répondis-je. C'est plein d'intérêt au contraire, et je n'ai rien; que puis-je avoir?

— Tu n'as rien, et tes yeux sont pleins de larmes! » reprit le bon Pierre comprenant tout à coup le sentiment qu'avait réveillé en moi cette petite scène.

Jetant alors d'une main le panier aux pigeons dans le coin d'un hangar, de l'autre il me prit le bras et m'entraîna affectueusement vers sa maison.

Quand je fus arrivé sur le seuil, je ne pus m'empêcher de me retourner une dernière fois vers le point de l'infini où le nuage fugitif s'était effacé.

« O mes souvenirs! me dis-je, ô mes pensées! vous êtes ces oiseaux que leur instinct ramène toujours vers la France, et je ne suis, moi, que votre prison, que le panier, qu'on a pu rejeter dans un coin. Heureux oiseaux, après tout, et aussi heureuses pensées, votre vol du moins défie les distances et passe par-dessus les frontières! »

Ami lecteur, fais bon accueil à mes pauvres oiseaux; moins heureux que ceux de Pierre de P***, ils ne retrouveront plus là-bas leur pigeonnier; et, si tu ne leur faisais pas une petite place dans le tien, ils n'auraient peut-être d'autre ressource que de revenir à leur prison d'ici. N'est-ce point assez que je l'habite?

P.-J. Stahl.

1858.

PREMIÈRE PARTIE

HISTOIRE D'UN HOMME ENRHUMÉ

ET AUTRES HISTOIRES

DE BADEN AU DRAKENFELS

I

Lichtenthal. — Le docteur X***. — Question des nez et des mouchoirs. Le petit Paul.

Il n'est pas de voyageur, parmi ceux qui ont visité Baden, qui ne connaisse la belle et longue allée de vieux chênes qui conduit de la Maison de Conversation à Lichtenthal.

Dans la saison d'été de 18..., j'habitais, avec l'illustre et bon docteur X***, mon tuteur, un des jolis chalets plantés à mi-côte, qui dominent cette célèbre promenade.

Confié au docteur par mon père mourant à l'époque où, sortant du collége, j'allais entrer sérieusement dans la vie, j'avais eu le bonheur de trouver tout à la fois dans cet excellent homme un second père, un guide et un ami. Il consacrait, tous les ans, quelques semaines, ses vacances, à celui qu'il voulait bien appeler son enfant; et, pour condescendre au besoin de mouvement qui a toujours été un des signes distinctifs de ma nature, il consentait à voyager pendant le temps toujours trop court qu'il parvenait à arracher à ses travaux.

Toutefois, dans l'année où commence ce récit, le docteur, un peu fatigué, après un hiver trop laborieux, avait désiré se fixer à Baden pour la saison tout entière. Il me laissait, d'ailleurs, toute liberté de courir sans lui le pays.

A la grande satisfaction et aussi, je dois le dire, au grand étonnement de mon vieil ami, nous étions déjà depuis un mois à Baden, et je n'avais point encore usé de cette liberté.

Baden est un lieu enchanté. Ce mois avait passé comme un rêve. Marcheurs intrépides, le docteur et moi, nous ne nous quittions pas. Nous partions le matin, tournant le dos, bien entendu, à la Maison de Conversation, pour faire des courses sans fin dans les montagnes. Le Baden de tout le monde est charmant; le Baden de quelques-uns, de ceux qui le parcourent à pied, qui fuient les endroits aimés de la foule, ce Baden-là est un lieu sans pareil. On y découvre réunies, comme en un abrégé sans défaut, les beautés que la nature a dispersées partout ailleurs. Nous rapportions de nos courses des appétits de paysan. Nous dînions non loin de notre chalet, dans les jardins bien connus de l'Ours, et, le dîner fini, nous allumions chacun un cigare. C'était alors que, pour nous reposer des marches sérieuses du jour, commençaient nos promenades du soir, concentrées d'ordinaire entre le chalet et Lichtenthal, et, avec nos promenades, des causeries qui, souvent, nous faisaient oublier les heures et les distances.

Il est bon, il est sain pour un habitant des villes de s'éloigner de temps en temps des préoccupations de la vie sociale. Ce qu'il y a de factice et d'artificiel dans les agitations de la foule apparaît mieux devant le travail toujours sincère de la nature. Que de fois, dans nos enthousiasmes plus vifs que réfléchis pour la vie de la campagne, il nous arriva, au bon docteur et à moi, de tomber d'accord que le mauvais génie de l'homme avait pu seul le pousser à compliquer la question si simple de son existence en s'entassant dans des villes !

Nous cheminions doucement un soir, mon vieil ami et moi, dans une des contre-allées de notre promenade favorite. De quoi parlions-nous ? je ne le sais plus ; je me rappelle seulement que la verve du bon docteur semblait inépuisable, lorsque tout à coup je le vis s'arrêter, se troubler, tourner et retourner avec inquiétude chacune de ses poches, puis se fâcher, ou tout au moins s'impatienter.

L'inexorable vérité me force à dire que l'incident qui avait si subitement interrompu mon savant ami dans une des improvisations à la fois familières et élevées qu'il réservait d'ordinaire pour notre intimité n'avait rien d'épique.

Il avait oublié son mouchoir, et se fût trouvé fort en peine si je n'en avais eu un, que j'avais heureusement conservé intact jusque-là, à lui prêter.

« Heureux les Grecs et les Romains, me dit M. X***, rendu bientôt à sa bonne humeur habituelle, ils ne se mouchaient pas ! »

Et, se hâtant de répondre à un geste de surprise qui venait de m'échapper :

« Cela paraît prouvé, dit-il; Winckelmann l'explique par le climat, par la différence de température, par les bains de vapeur qu'ils prenaient chaque jour. Cela ressort surtout de ce que le mot *mouchoir* n'a pas de correspondant dans les langues anciennes, et qu'il n'est pas un passage d'auteur grec ou latin qui fasse mention de cet indispensable et barbare accessoire de la toilette d'un homme civilisé à notre époque.

— Ce n'était pas pourtant, lui dis-je, mon cher docteur, que les nez fussent plus rares alors que de nos jours. Chacun avait le sien aussi, sans doute, dans ces temps reculés, et les nez des premiers fils de Rome ont, si je ne me trompe, laissé une réputation d'évidence que n'a pu compromettre la découverte de leurs bustes mutilés par le temps jaloux. Plutôt que d'avoir recours à une négation aussi saugrenue que celle-ci : « Les Grecs, n'ayant pas de mouchoirs, ne se mouchaient pas, » ne ferait-on pas mieux de dire tout de suite : « Les Grecs, n'ayant pas de mouchoirs, n'avaient pas de nez ? »

J'en étais là de ce propos, et j'attendais la réponse du docteur, que j'espérais avoir piqué au vif par l'énormité de mon argument, quand je m'aperçus que son attention ne m'appartenait plus.

Me montrant du doigt, sur le revers du chemin, un délicieux petit enfant rose et blond qui s'amusait à faire, sur un des bancs de la contre-allée, une provision de pierres blanches :

« Comment, me dit-il, comment le père qui a le bonheur d'avoir à lui ce charmant petit être, peut-il le laisser seul un instant, exposé aux voitures, sur le bord d'une route fréquentée ! J'ai cru tout à l'heure que l'équipage de cette vieille

Anglaise, qui joue tant, allait le renverser, et j'en ai encore le frisson.

— Bah! lui répondis-je, la mère ou la gouvernante ne sont pas loin sans doute. Regardez comme ce bambin a l'air tranquille! ne dirait-on pas qu'il sait qu'à défaut de sa mère ou de sa bonne le devoir de Dieu est de veiller sur lui? Quant au père, je vous l'abandonne. Il est probablement, à l'heure qu'il est, à la salle de jeu. Les jolies petites bottes de ce baby, son superbe pantalon de velours flottant, sa blouse de soie serrée sous sa hanche par une ceinture brodée et son petit schapska emplumé disent assez qu'il appartient à un de ces Russes qui font l'admiration des bourgeois de Strasbourg par l'insouciance avec laquelle ils sèment leur or et leurs paysans sur la table du trente et quarante. »

L'enfant, se voyant regardé, avait suspendu son jeu.

« Mon cher petit, lui dis-je en le menaçant amicalement du doigt, ne traverse pas la route; les chevaux pourraient te faire du mal et toutes les pierres blanches sont de ton côté. »

Et comme il ne répondait pas :

« Où est ta maman? ajoutai-je. Veux-tu que je te conduise vers elle? »

Le bambin, à ma voix, avait vivement relevé la tête ; ses grands yeux bleus s'étaient attachés sur les miens avec une expression indéfinissable. Il paraissait à la fois effrayé et ravi. Sa petite lèvre inférieure s'allongeait déjà comme s'il allait pleurer, et cependant son regard, limpide encore, brillait d'une émotion qui ressemblait à de la joie. On pouvait lire clairement sur son pur visage, tout plein de lumière et de transparence, le combat que se livraient en lui deux sentiments opposés.

L'indécision des enfants n'est jamais longue. Le sentiment, qui seul les fait agir, n'a pas les tergiversations de la raison. Celle du petit Russe cessa tout à coup. Un cri, un de ces cris de joie aigus et brillants qui ne peuvent s'échapper que du gosier des enfants ou de celui des oiseaux, soulagea sa petite poitrine qui commençait à se gonfler, ses bras se tendirent, d'un geste vif et décidé, de notre côté ; et, prenant, sans se soucier de la recommandation que je venais de lui faire, un rapide élan, il traversa la route en courant et se jeta éperdu dans mes jambes.

S'emparant alors d'un de mes bras avec le geste d'un petit sauvage qui ferait un prisonnier de guerre, il le serra de toutes ses forces dans ses deux petites mains crispées, et, après avoir poussé, dans une langue que je ne comprenais pas, une exclamation de triomphe :

« Maman, maman! » s'écria-t-il en français.

Et, tout palpitant d'une émotion extraordinaire :

« Viens vite! papa est revenu. Je le tiens, il ne s'en ira plus. »

J'avais à peine eu le temps de m'étonner de ce que ces paroles avaient d'inexplicable pour moi, quand une jeune femme que l'ombre portée par un des arbres du chemin nous avait cachée jusque-là se montra à nous.

En apercevant son fils dans les bras d'un inconnu, en l'entendant appeler cet inconnu « mon père! » en voyant la joie folle du pauvre petit, qui me couvrait de baisers, lesquels me parurent doux, bien qu'ils ne me fussent pas dus, elle sembla comme pétrifiée.

Je fus pendant une seconde l'objet de son inquiet examen ; un sourire douloureux se dessina sur ses lèvres ; elle voulut parler, mais tout ce qu'elle put faire fut d'ouvrir les bras à son fils. Je me hâtai de le lui reporter et m'aperçus alors seulement que la mère et l'enfant étaient en grand deuil.

Quand elle fut un peu remise :

« Monsieur, me dit-elle, mon pauvre enfant s'est trompé. Il cherche son père partout, depuis qu'il l'a perdu, et je vois qu'aujourd'hui, en vous apercevant, il a cru l'avoir retrouvé. »

S'asseyant alors sur le banc qui avait servi aux jeux de son enfant, elle le prit sur ses genoux, et, ne pouvant se contenir plus longtemps, elle fondit en larmes.

« Tu te trompes, mon Paul, lui disait-elle, tu te trompes, ton père n'est point là.

— Non, disait le cher petit, Paul ne s'est pas trompé. »

Des larmes remplissaient mes yeux. Le bon docteur s'efforçait en vain de dissimuler les siennes. J'eus grand'peine à faire comprendre au petit Paul que je n'avais pas le bonheur d'être son père. Il ne sentit qu'il se trompait que lorsqu'il vit qu'ayant salué respectueusement sa mère, nous allions nous éloigner.

« Puisque tu t'en vas d'un autre côté, me dit-il en me jetant un regard plein de reproche, tu n'es pas mon papa!

— Nous retournons à Ems sans toi, » me criat-il encore, quand il comprit que bien décidément nous partions.

Et il cacha ses sanglots dans le sein de sa mère.

Pourquoi ne le dirais-je pas? cette rencontre nous avait émus, M. X*** et moi. Nous poursuivîmes longtemps notre chemin sans mot dire ; la petite voix de l'enfant était toujours dans nos oreilles.

« Quel abîme est-ce donc que la mort, pensai-je, pour que ce père séparé de son enfant n'ait pu sortir de tombe à ce touchant appel ? »

La nuit nous vint en aide pour cacher notre émotion. Ce fut M. X*** qui rompit le premier le silence.

« Ne cherchez pas votre mouchoir, mon cher Georges, me dit-il, je l'avais gardé. Ce n'eût pas été de trop, pourtant, d'avoir chacun le nôtre ; l'erreur de ce pauvre orphelin et la douleur de cette belle veuve m'ont navré. »

Quand nous ne fûmes plus qu'à quelques pas de nos demeures, M. X*** fit un effort pour reprendre notre discussion.

« Vous aviez raison, me dit-il, les Grecs se mouchaient. Ils se mouchaient, car ils pleuraient ! Hélas ! ajouta-t-il en s'efforçant de sourire, on se mouche partout, puisqu'on pleure partout ; et je ne sais guère d'usage qui puisse être plus ancien que celui-là, car on naît en pleurant, et ce qu'on a de mieux à faire, aussitôt qu'on est né, c'est donc de se moucher, ou tout au moins de se laisser moucher. »

Il était tard. Ma pensée était ailleurs, je ne ré-

pondis pas à la sortie du docteur. J'étais décidé
à abandonner à d'autres le soin de vider d'une
façon tout à fait péremptoire cette grande question
des mouchoirs qui avait failli m'intéresser.

M. X***, me voyant préoccupé et espérant vaincre
ma résolution, fit contre mon silence une tentative nouvelle. Il mit en campagne une troupe
fraîche.

« On assure, ajouta-t-il, que les deux tiers de la
Russie, que cinquante millions d'hommes par conséquent, lesquels ne sont pas pourtant des barbares
tout à fait, n'ont pas d'autre mouchoir que... »

J'interrompis mon vieil ami.

« Ne parlons pas des Russes, lui dis-je, épargnons-les, ce soir du moins, cher docteur.

— Ce soir, demain, et toujours si cela peut
vous être agréable, mon cher Georges, » me
répondit-il.

J'avais essuyé tout le feu de mon adversaire ;
nous rentrâmes chacun dans nos lignes.

II

Opinion du docteur sur les larmes des femmes. — Histoire de la première larme. — Je quitte Baden.

Le lendemain, fatigué du poids de la journée, que j'avais passée seul, la correspondance du docteur l'ayant empêché de sortir avec moi, je me reposais sur un des bancs de l'allée de Lichtenthal, sur celui où, la veille, nous avions laissé l'enfant et sa mère. M. X*** vint s'y asseoir à mes côtés.

« Georges, me dit-il, que pensez-vous des larmes ?

— Des larmes ? et que voulez-vous que j'en pense, cher docteur ? J'ai pleuré quelquefois, vous le savez mieux qu'un autre, mon ami ; mais je ne me suis jamais interrogé de façon à avoir quoi que ce soit de bon à répondre à votre question.

— Nous disions vrai hier, reprit le docteur. Si la douleur n'est pas aussi vieille que le monde, il s'en faut de bien peu. La première larme dut être versée sur le seuil même du paradis par notre commune mère.

— Que contenait cette larme-type qui allait frayer la voie à tant d'autres? Fut-ce le regret de son bonheur perdu ou le sentiment de ses torts; fut-ce le dépit ou le remords d'avoir mérité sa chute, qui la fit jaillir de l'œil d'Ève, où n'aurait jamais dû briller que le chaste sourire de l'innocence? Qui pourrait le dire?

— Adam, chassé du paradis par la faute de sa femme, devait être d'une assez triste humeur. Je me l'imagine marchant, sans oser se retourner, devant l'ange au glaive de feu, et se disant, sans doute, que tout n'est pas rose dans le métier de mari.

« Ce ne fut qu'arrivé aux confins du paradis, alors que la voix redoutée du messager de la colère céleste cessa de gronder à ses oreilles, qu'il s'aperçut du silence inaccoutumé de sa compagne.

« Celle-ci le suivait à distance. Le bruit de son pas craintif se faisait à peine entendre dans l'immense solitude qui s'ouvrait devant les deux proscrits.

« — Elle se tait, pensa Adam, elle a raison. Que pourrait-elle dire ? »

« Il n'eût pas été fâché de savoir quelle attitude avait la Femme devant le triste résultat de sa faute, mais il sentait instinctivement aussi qu'il serait bon pour sa dignité que l'embarras des premières paroles fût laissé à la coupable. »

« Ève, de son côté, réfléchissait profondément :

« — M'aime-t-il, se demandait-elle, celui qui m'abandonne à ma douleur, et qui, tout entier à sa peine, ne songe point à me consoler ? »

« Et un soupir s'échappa de sa poitrine oppressée.

« La nature, dont rien jusque-là n'avait troublé la sérénité, écouta avec stupeur cette première plainte de la première femme. La terre inquiète frémit sur son axe, et les nuages effarés s'enfuirent à l'occident.

« Cependant Adam ne se retournait pas.

« — Ah ! c'est trop fort ! » s'écria Ève indignée.

« Et un sanglot lamentable (il y avait peut-être dans ce sanglot autant de colère que de chagrin, et il devait en être ainsi pour que ce sanglot fût un vrai sanglot de femme), un sanglot, dis-je, s'échappa de son sein, en même temps qu'un torrent de larmes s'échappait de ses yeux..

« Le bruit étrange, le bruit inouï de ce sanglot fit tressaillir le premier homme. Ému malgré lui, il porta vivement la main sur son cœur.

« Que ressentait-il donc? quel pouvait être le sens de ce cri déchirant, qui éveillait en lui une sensation à la fois si douce et si pénible? Il n'hésita plus. D'un mouvement plus rapide que la pensée, il se trouva auprès d'Ève éplorée, et, l'enlevant dans ses bras robustes comme un père l'eût fait de son enfant, il la déposa sur le revers d'une colline et se trouva tout naturellement à ses pieds.

« — Ève, s'écria-t-il, épouvanté à la vue de la contraction singulière qui altérait les suaves contours du beau visage de sa charmante compagne, Ève, ma chère Ève, qu'avez-vous ? »

« Et deux grosses larmes, deux de ces larmes saintes qui s'efforcent en vain de demeurer captives sous la paupière de l'homme qu'émeut la tendre compassion, tombèrent des yeux du premier homme.

« Tout était oublié.

« D'une part, Adam connaissait la pitié; de l'autre, Ève comprenait la puissance des pleurs. Le sort de l'humanité était désormais fixé. Le sourire ingénu d'Ève pardonnée disait assez que c'en était fait de la supériorité de l'homme. Il avait suffi à la femme de pleurer, pour que fussent perdus à toujours les avantages de notre prétendue force. Avec quelques larmes, Ève avait comblé le double abîme de sa faute et de sa faiblesse.

« Ce fait, tout en donnant une date précise à l'origine des larmes, montre, à n'en pas douter, que c'est au beau sexe que revient l'honneur d'une découverte dont il a depuis tiré un si brillant parti.

« Dieu me préserve de médire des larmes, mon cher Georges, mais permettez-moi de constater, par l'antique exemple de notre premier père, que l'homme qu'émeut vivement la vue d'une femme en pleurs appartient à cette femme. »

Et, comme je ne lui répondais pas :

« Il devrait être défendu aux filles d'Ève de pleurer, ajouta-t-il; toute larme qu'une femme répand devant un homme est une violence morale qu'elle exerce sur lui, et, quelle que soit la femme qui pleure, et si sacrés que paraissent les motifs de ses larmes, il est sage de s'en défier. »

Et comme je laissais encore cette assertion sans réponse :

« Vous me forcez au monologue, ce soir, ajouta-t-il. Ne m'avez-vous pas compris, mon cher Georges? »

Je serrai vivement la main du bon docteur; mon

regard lui demandait grâce sans doute pour mon silence, car il n'insista pas ; et, comme le froid du soir devenait un peu vif, nous nous levâmes pour reprendre la route de notre demeure.

Arrivés à notre porte :

« Mon ami, dis-je au docteur, je vous fais mes adieux. Je vais faire une absence de quelques jours ; je pars demain...

— Que Dieu vous conduise et vous garde ! me répondit M. X***. Vous allez à Ems, mon enfant ? »

Mon vieil ami m'avait deviné.

III

Digression et divagation à l'usage des lecteurs qui ne sont pas pressés. — Théorie de l'ordre et du désordre.

Dans un voyage en Suisse que j'avais fait quelques années auparavant avec mon cher docteur, nous nous étions perchés, un jour, lui et moi, sur le point le plus élevé de la dent de Jamant. Nous nous reposions des fatigues de l'escalade en laissant nos regards errer d'un côté sur toutes les magnificences de la nature, de l'autre sur toutes ses horreurs, admirant que le chaos fût si rapproché du paradis ; notre causerie avait remonté de la création à son auteur : nous avions donné à l'œuvre et à l'ouvrier les éloges que l'un et l'autre méritaient.

« Tout est logique dans la nature, me disait le

docteur, et, pour qui veut approfondir ses secrets, il ne s'y trouve pas d'anomalie. Ces montagnes entassées les unes sur les autres; ces rochers qui ne tiennent qu'à un fil et que l'abîme attend; ces pics qui porteraient le monde; ces précipices affamés dont les mâchoires avides semblent guetter quelque proie colossale; l'avalanche que la tempête peut leur jeter en passant; les volcans refroidis non moins que les volcans en feu, tout cela, c'est aussi bien l'ordre que le repos de la plaine. Ce qui effraye à notre droite, ce qui resplendit à notre gauche, les convulsions de la nature de même que ses sourires, qu'est-ce que tout cela, sinon le résultat du jeu régulier que Dieu a assigné à tous les rouages qui font mouvoir l'univers? De quoi se compose la paix de la vallée, sinon de la victoire que la montagne remporte sur les vents? Quand nous apprenons qu'il y a eu quelque part un tremblement de terre, l'épouvante nous saisit, nous levons au ciel des bras désespérés, nous crions que la fin du monde est proche ! Nous sommes fous. Ces apparents bouleversements ne sont que les palpitations à la vie de cette admirable pendule qu'on appelle le monde. »

Le bon docteur avait raison. Mais mon avis est que, si Dieu n'avait fait que le monde matériel, il ne serait, en effet, qu'un horloger sublime, inventeur, tout au plus, du mouvement perpétuel, d'un chronomètre perfectionné, capable de se remonter tout seul.

Heureusement pour sa renommée, et plus encore pour le bonheur des hommes et la confusion de leurs puériles raisonnements, dans ce grand corps Dieu a mis une âme non moins grande, et plus parfaite encore; si bien que ce que l'on peut dire du monde des choses se peut et se doit affirmer aussi du monde des idées. L'ordre moral n'est certes pas moins grand ici-bas que l'ordre physique : les idées, voire les plus incohérentes à première vue, ont toujours quelque part, dans quelque recoin mystérieux de la pensée humaine, leur cause, leur raison d'être. Si cette raison ne nous saute pas toujours aux yeux, cela tient uniquement à l'infirmité de notre vue intérieure.

Évidemment, le désordre n'est et ne peut-être qu'apparent; évidemment, de ce que la preuve de l'ordre nous échappe, il ne suit pas que cet ordre n'existe point. Si, dans l'univers créé, la somme du désordre l'emportait pendant une heure seulement sur la somme de l'ordre, je ne fais pas le moindre doute que cette heure ne fût en même temps celle d'un cataclysme général.

Eh quoi! dira-t-on, les trônes renversés, les empires détruits, les vieilles institutions ébranlées jusque dans leurs fondements, les dieux succédant aux dieux, les révolutions succédant aux révolutions, ces avortements gigantesques, ces enfantements sublimes ou monstrueux, ce bruit, moins que cela, cette fumée, c'est de l'ordre?

Oui, et incontestablement. Et pourquoi non?

Le sang des hommes n'est pas compté dans le prix de revient de certaines richesses qui n'ajoutent rien, sans doute, au bonheur de l'humanité; nous ne craignons pas le bruit de la poudre et les éclats de la montagne écartelée, si la mine doit en sautant faire jaillir des entrailles fumantes de la terre la parcelle d'or et l'étincelle de diamant que vous voulez mettre au doigt de la femme que vous aimez, et vous marchandez le moindre des efforts qui doivent accroître le trésor moral de l'humanité!

Vous reconnaissez qu'il est impossible, dans l'ordre physique, d'obtenir du sol le plus fertile, pour un grain de blé qu'on lui confie, un épi sans déchirer ce sol, et vous ne comprenez pas que le terrain des idées ait besoin, lui aussi, pour être fécondé, des blessures salutaires du soc de la charrue!

Vous appelez révolution ce qui n'est qu'une évolution indispensable nécessitée par votre résistance, et catastrophe ce qui était écrit dans les desseins de Dieu ; qu'importent vos jugements ?

Les tremblements de terre ne sont que des efforts de la nature physique obéissant aux lois de son équibre ; les révolutions ne sont autre chose que les tremblements de terre de la nature morale cherchant, elle aussi, son niveau. Ces événements, qui bouleversent vos petites passions individuelles, ne troublent pas plus l'ensemble des choses qu'un grain d'émétique n'agite un corps malade, et leur fonction est probablement la même.

Les gens qui rêvent l'immobilité sont des athées sans le savoir, des amis du néant, des apôtres de la mort, seul symbole sérieux de l'immobilité humaine. Ce rêve insensé de paralysie universelle, nous l'avons entendu faire plus d'une fois à des gens qui applaudissaient à la pensée humaine enchaînée et qui crieraient à la tyrannie si on leur interdisait, ne fût-ce que pour huit jours, l'usage de leur petit doigt.

IV

Seconde digression, où le lecteur qui ne voudra pas perdre tout à fait le fil de ce récit fera bien de me suivre. Sagesse des fous et des enfants. — Une nièce de Charles Nodier. Quel est le fruit du chêne.

La première fois que je vis jouer aux échecs, mon étonnement fut grand. J'étais au collége et je n'avais jamais joué qu'aux dames ou aux dominos, dont la marche uniforme et régulière me paraissait la seule qu'on pût raisonnablement attendre de petits morceaux de bois ou d'ivoire, et j'étais encore convaincu que la ligne droite est, en toute circonstance, le chemin le plus court d'un point à un autre. Toutes mes idées furent troublées quand je vis les fous et les cavaliers sauter, que dis-je? cabrioler, enjamber les cases à tort et à travers, contre toute règle de moi connue.

« Certes, pensai-je, si ces capricieuses évolutions ont leurs lois, ces lois doivent être soumises à des calculs prodigieux. »

Rien n'était plus simple cependant et je sais de reste, à l'heure qu'il est, que, jeu pour jeu, un fou, sur un casier d'échecs, est un personnage aussi sensé qu'un roi et qu'une reine, et que sa conduite est aussi pure que celle du double-blanc lui-même sur une table de marbre.

Ce petit fait me donna à réfléchir ; et, quand j'eus devant moi des gens dont les discours me paraissaient décousus, des faits qui me semblaient incohérents ; quand il m'arriva enfin de m'épouvanter de l'incroyable confusion qui semblait régner dans l'amalgame d'idées contradictoires que chaque jour voit éclore, je me rappelai plus d'une fois mes premiers étonnements devant un échiquier et le bon sens de ces prétendus fous, pour ne rien condamner à la légère.

Devant les individus, je me disais :

« Ils parlent par ellipse, voilà tout. »

Ou bien :

« Chacun d'eux n'est qu'une note ; c'est l'ensemble seul qu'il faudrait juger. »

Devant le bruit de la foule :

« Qui sait? pensai-je ; cette musique est peut-être superbe, mon tort est sans doute d'être trop près des instruments, trop près des événements pour l'entendre comme elle doit être entendue. Écouté de plus haut et de plus loin, cet apparent charivari est peut-être plein d'ineffables harmonies; car, enfin, quel est le chef de cet immense orchestre? n'est-ce pas Dieu? Dieu ne saurait être un mauvais musicien.

Étudiez les enfants. A les voir passer d'une idée à une autre avec une agilité dont nos hommes politiques devraient être jaloux, peut-être croyez-vous qu'il n'est point de fil pour un pareil labyrinthe et que les cailloux blancs du Petit-Poucet lui-même ne sauraient suffire à faire retrouver le chemin de la cabane où se rassemblent les groupes épars de leurs jeunes idées; détrompez-vous.

Les enfants pensent très-vite, si vite, que l'expression ne peut suivre leur pensée. On les dit mobiles, ils ne sont qu'abondants, et si l'art des transitions leur est inconnu, c'est qu'ils n'aiment point le temps perdu. Pour ce qui est de leur logique, c'est-à-dire la suite de ce qui est au fond de leurs petites volontés et qui se cache sous leurs propos les plus incohérents, elle vaut la nôtre, pour le moins.

Charles Nodier avait une nièce dont l'esprit,

quand elle était tout enfant, était plein de promptitude, de saillies, et en quelque sorte de précipitation. Il se promenait, un jour, avec elle dans une forêt plantée de chênes.

« Quel est le fruit du chêne ? lui demanda-t-il.

— C'est le cochon, » répondit l'enfant sans hésiter.

Un autre que l'excellent Nodier eût bondi devant cette réponse. Il en fallait davantage pour étonner le malin Franc-Comtois.

Nodier trouva la réponse parfaite, plus que parfaite, et il eut bien raison.

C'était, en effet, mieux qu'une réponse. C'étaient deux réponses en une seule. Du même coup l'enfant n'avait-elle pas prouvé qu'elle savait d'abord ce qu'on lui demandait, et qu'elle savait, en outre, quelque chose de plus qu'on allait peut-être lui demander aussi : c'est-à-dire que, le fruit du chêne étant le gland, le gland était la nourriture du cochon ?

Mais, pour une ellipse de ce genre, ellipse si intelligible, quelque forte qu'elle soit d'ailleurs, combien nous échappent à toute heure du jour dont des sens plus fins ou seulement plus patients que les nôtres auraient la perception !

V

Suite des deux précédentes divagations, autre exemple.
Mademoiselle Thècle et le petit Chaperon-Rouge.
Théorie de la galette.

Ce que je viens de raconter d'une nièce de Nodier me remet en mémoire un autre petit fait dont la place est ici, puisqu'il vient en aide à ma démonstration. Un enfant me le fournit encore.

J'avais accepté en 184... (ce n'est pas d'hier!) j'avais, dis-je, accepté la mission épineuse d'amuser pendant une demi-heure une petite personne qui dès lors était assez difficile à fixer, et de détourner son attention, pendant cette longue suite de minutes, d'un événement important qui s'accomplissait dans la maison de ses parents et qu'on prétendait lui cacher.

Cette petite personne, âgée de quatre ans déjà, n'était pas de celles auxquelles on fait accroire aisément que des vessies sont des lanternes, et sa petite mine sérieuse et réfléchie disait assez que, toute fille d'Ève qu'elle était, les balivernes n'étaient pas de son goût.

Je résolus donc, pour accomplir mon mandat à la satisfaction de la famille qui m'avait fait l'honneur de me le confier, de raconter quelque chose de grave à ma petite amie, et, craignant non sans raison de ne rien pouvoir tirer de moi-même qui fût digne d'un auditoire aussi raffiné, je pris dans la bibliothèque du grand-père de mademoiselle Thècle, c'est le nom de la demoiselle avec laquelle j'avais accepté ce délicat tête-à-tête, je pris, dis-je, les *Contes* de Perrault et les ouvris à l'endroit du plus tragique de tous, à la page où commençait l'histoire émouvante du *Petit Chaperon-Rouge*.

A tous ses mérites le conte de Perrault joignait, par grande fortune pour la petite Thècle, celui de la nouveauté. Cette histoire terrible ne lui avait point encore été racontée. La meilleure éducation d'une fille de quatre ans ne saurait être complète.

Sûr de mon effet, je commençai donc :

« Il était une fois une belle petite fille de village..., etc., etc. »

Je dois rendre justice à mon auditoire : tant que dura ma lecture, et j'eus soin de la faire de la voix lente et pénétrée qui convenait à un si grave sujet, il me prêta la plus bienveillante attention. Les coudes appuyés sur sa petite chaise à bras, le cou tendu vers moi, les yeux fixes, mademoiselle Thècle témoigna, par son immobilité, du profond intérêt qu'excitait en elle ce palpitant récit. Ses regards, ses beaux grands regards d'enfant ne quittèrent pas mes lèvres, et, quand je fus arrivé au dénoûment, je ne pus douter que toutes les péripéties du drame terrible qui venait de se dérouler devant elle n'eussent frappé ses esprits attentifs.

Sa bouche rosée s'était bien un peu pincée au début du conte, en signe de réserve ; mais peu à peu elle s'était entr'ouverte ; puis, enfin, l'intérêt croissant, elle s'était ouverte si franchement, qu'elle avait oublié de se refermer. Il y avait cinq minutes au moins qu'avaient retenti à son oreille ces effroyables paroles :

« Le méchant loup se jeta sur le petit Chaperon-Rouge et le mangea! »

par lesquelles se termine la déplorable aventure du trop confiant petit Chaperon, et elle semblait écouter encore.

« Eh bien, lui dis-je, intrigué de ce silence prolongé qui n'était pas dans ses habitudes, et quelque peu inquiet de l'effet qu'avait produit ma lecture, eh bien, Thècle, que penses-tu de ce conte ? n'est-ce pas là une belle et amusante histoire ?

— Oui, me répondit Thècle, dont les traits se détendirent et dont l'enthousiasme éclata tout à coup; oui, mon Georges. Ah! qu'il est ce gentil, ce petit loup!

— Ce petit loup! m'écriai-je, ce petit loup! Qu'est-ce que tu dis donc là, malheureuse petite Thècle? Ce n'est pas le loup qui est gentil, c'est le Chaperon...

— Non, non. C'est le petit loup, répliqua Thècle avec cette fermeté douce que peut seule inspirer une conviction profonde.

— Mais tu n'y penses pas, chère mignonne! m'écriai-je renversé par cette singulière et inattendue réponse qui bouleversait toutes mes idées sur les conclusions morales du chef-d'œuvre de Perrault. Ce méchant loup ne peut pas te paraître intéressant, c'est le traître de la pièce, c'est un vil scélérat. Il a mangé la grand'maman du petit Chaperon, il a mangé le petit Chaperon, il a tout mangé...

— Non, reprit Thècle, pas la galette ! »

Et, revenant à son dire et le confirmant avec l'inexorable entêtement de l'enfance :

« Ah ! qu'il est gentil, ce petit loup ! » répéta-t-elle.

Je confesse que je tombai, là-dessus, dans des abîmes de rêverie ; je regardais avec une sorte d'effroi le frais et candide visage de ma petite interlocutrice ; la tête du sphinx ne m'eût pas paru plus chargée d'énigmes et de mystères.

« Quel est l'enfant, me disais-je, de cette fillette de quatre ans qui me dit sans broncher ce qui me paraît une monstruosité, ou de moi que parviennent à troubler ses propos saugrenus ? Que se passe-t-il dans ce petit cerveau ? et par quel renversement de toutes les lois naturelles la sympathie de cette âme ingénue se tourne-t-elle vers le bourreau et non sur ses victimes ? « Ah ! qu'il « est gentil, ce petit loup ! » Qui m'expliquera ces paroles inexplicables ? »

Fort heureusement pour moi et pour la bonne opinion que je tenais à conserver de la raison et du cœur de sa fille, la mère de Thècle rentra sur ces entrefaites.

« Tenez, mademoiselle, dit-elle en embrassant

Thècle, voilà la bonne galette que maman avait promise à sa petite Thècle si elle était bien sage avec son ami Georges, et j'espère qu'elle l'a été.

— Tu vois, mon Georges, le petit loup n'avait pas mangé la galette, » me dit, d'un air à la fois amical et majestueux, mademoiselle Thècle en mordant dans la sienne.

Je comprenais une partie de la vérité et le côté galette s'illuminait pour moi, je l'avoue. Restait la bonne opinion émise sur le loup.

« Qu'importe? répondis-je, mademoiselle, cela n'empêche pas qu'avec ses grandes dents il avait mangé une bonne grand'mère et sa petite-fille, et que ça n'était pas bien.

— Le petit loup avait trop faim, mon Georges, me dit Thècle en me jetant un regard dont la suprême innocence aurait dû me désarmer.

— Trop faim, m'écriai-je, trop faim; ah! c'est trop fort!

— Ah çà! me dit la mère de Thècle, m'expliquerez-vous votre dialogue avec ma fille? Savez-vous que je commence à craindre que les choses ne se soient pas passées honorablement entre elle et vous, en mon absence? »

Et, procédant à la façon d'un juge d'instruction :

« Voyons, dit-elle, Thècle, es-tu contente de ton ami Georges?

— Oui, dit Thècle, Georges est gentil aussi.

— Parbleu! pensai-je, le loup l'est bien.

— Bon! dit la mère, ce n'est pas de ce côté qu'on se plaint. A votre tour, parlez, monsieur Georges. Est-ce que vous n'avez pas été content de ma fillette?

— Ma foi, dis-je, ma chère amie, dussé-je vous affliger, j'en aurai le cœur net et vous saurez jusqu'à quel point est dérangée la tête de cette bizarre petite personne-là. »

Je lui racontai alors l'usage que nous avions fait de notre demi-heure, Thècle et moi.

Mon récit achevé.

« N'est-ce que cela? dit la mère en riant. Mais mon ami, dans la circonstance particulière où se trouvait ma pauvre Thècle, c'est la logique même de son âge et de sa situation qui a parlé par sa bouche. Ce qui a frappé Thècle dans votre lamentable histoire, et ce qui devait la frapper en effet, ce n'est pas que le loup ait mangé la grand'maman et l'imprudent Chaperon-Rouge, deux détails insignifiants pour une jeune personne de quatre ans, qui n'est point cannibale, mais qu'assiégeait pendant toute votre lecture une très-légitime préoccupation de galette; c'est qu'ayant faim à manger une vieille femme et un enfant, ce loup délicat ait eu le bon goût et le bon cœur de ne pas manger une galette, désormais sans défense, laquelle galette, dans l'esprit de Thècle, pouvait être celle-là même que je lui avais promise.

« Ce point, tout à l'honneur du loup, a dû être pour Thècle, confiante d'ailleurs dans ma promesse, le point lumineux de votre histoire!

« Il n'y a de cruel dans tout ceci que vous qui, sachant que ma pauvre fille est, depuis quarante-huit heures, à une demi-diète, qui, chargé de faire oublier à la pauvre enfant l'heure du déjeuner par quelque propos agréable, et de nous aider à lui dissimuler que nous allions nous mettre à table sans elle, allez vous aviser de raconter à ce petit estomac creux les heureuses rencontres d'un loup pressé par la faim.

« Tenez, ma fille est un ange de vous trouver gentil, après le loup, vous qui venez de prendre un plaisir cruel à aiguiser ses petites dents avec vos histoires où l'on ne fait que manger, quand elle était dans l'attente de son petit repas; admirez-la et demandez-lui pardon. »

C'est ce que je m'empressai de faire.

Depuis ce jour, il fut acquis pour moi :

1° Que, quel que soit un livre, nous ne demandons jamais, comme la petite Thècle, qu'une chose à ses héros et à son auteur : c'est de vouloir bien laisser intacte notre part de galette ;

2° Que les mères sont d'admirables avocats, quand il s'agit de défendre leurs enfants ;

3° Que tout finit par s'expliquer ici-bas.

VI

*Où il est démontré qu'il n'y a pas un mot de trop
dans ce qui précède, et que ce qui a paru le plus inutile
était évidemment nécessaire.
Trajet de Mayence à Coblentz. — Changements à vue.
Charivari de nez.*

Croit-on, par exemple, que j'aie, au début de ce récit, touché à cette vilaine question des nez et des mouchoirs pour mon plaisir, et que, si j'y rentre par la suite, ce soit de ma part un parti pris d'y revenir? S'imagine-t-on que j'aie choisi par goût ce sujet fâcheux et que je n'y aie point été tout naturellement conduit, au contraire, par les nécessités mêmes de la situation? On aurait tort. Qu'on en juge.

Le trajet de Mayence à Coblentz est, j'en conviens, quelque chose de merveilleux. Séchan et

Despléchin, Diéterle et Cambon n'ont jamais mieux fait à l'Opéra, et il serait peut-être même équitable de dire qu'ils sont dépassés, en quelques points, par le grand décorateur qui a signé le célèbre panorama du Rhin.

C'est, en effet, une succession de décors admirables et de surprises de toutes sortes. C'est, de Bingen à Stolzenfels surtout, un spectacle véritablement magique et incomparable ; mais encore est-il bon, pour qu'on puisse consciencieusement en apprécier les beautés, que le lustre qui a mission de l'éclairer s'allume, et que la toile se lève. Or, il faut en convenir, bien que l'aveu soit pénible, ce théâtre sans pareil a un défaut. C'est, de tous les lieux qui s'offrent à l'admiration du public, celui qui en prend le plus à son aise avec ses admirateurs. Je n'en sais ni de plus capricieux, ni de plus irrégulier dans ses allures. Outre qu'il est fermé une grande partie de l'année, il arrive souvent, même en été, qu'il fait inopinément relâche, au grand désappointement des spectateurs naïfs qui, ayant payé leur place à l'entrée, et trouvé les portes ouvertes, ont compté en avoir pour leur argent.

Une indisposition, presque toujours subite, de l'acteur principal et nécessaire, une indisposition du soleil, annoncée d'ordinaire au dernier moment par son complice le brouillard, est, la plupart du temps, le prétexte dont on essaye de couvrir ces malencontreuses remises.

L'heureuse chance qui s'attache à mes pas me fut fidèle pendant ce trajet. L'Aurore elle-même s'était embarquée avec nous. Un des meilleurs bateaux de la Société de Cologne et Dusseldorf, le *Schiller*, devait nous porter dans son aimable compagnie de Mayence à Coblentz en trois heures.

Le sourire de notre charmante compagne illuminait le pont; elle avait un regard pour chacun de nous. Ce ne fut qu'un cri quand on la vit si belle; les ballots eux-mêmes, les malles semblaient implorer qu'on les laissât en plein air.

« La traversée va être superbe ! » disait-on de tous côtés.

C'était à qui prendrait sur le pont la place la plus propice, c'est-à-dire la moins couverte. Les femmes, les enfants, les vieillards, les hommes graves et les voyageurs légers, les Anglais eux-mêmes, peu réputés en route pour leur affabilité, tous saluaient ce beau jour et lui souhaitaient la bienvenue.

La cloche du départ sonna, nous partîmes.

Mayence est incontestablement une des villes du Rhin qu'il est le plus agréable de quitter. Je n'en sais pas une qui fasse meilleur effet de loin. Ses charmes croissent à mesure qu'on s'en sépare. Je n'ai jamais été et je n'irai jamais à Jérusalem, mais je mourrai dans la croyance que la ville sainte doit ou devrait avoir quelque chose de l'aspect extérieur de Mayence. Mayence, en un mot, me représente tout à fait l'idée que je me fais de la cité de Dieu, gravée sur bois de poirier, imprimée et coloriée à Épinal. Les remparts formidables et les tours gothiques en grès rose, qui servent de ceinture et défendent à tous l'entrée de cette ville libre, me rappellent le style architectural qui distingue les candides aquarelles du chef-lieu du département des Vosges.

Mayence déployait donc pour nous la plus précieuse de ses faveurs : elle acceptait nos adieux. Les moulins rangés en bataille qui barrent une partie du fleuve n'étaient plus qu'un point à mes yeux. Son dôme sans façade disparaissait peu à peu dans un lointain vaporeux. Je jetai un dernier regard aux deux pâtisseries gigantesques qui coiffent ses deux têtes, et, ne voulant rien perdre du beau spectacle que me promettait le reste du voyage, je descendis dans le salon un instant pour acheter au sommelier un *Guide Joanne*.

Quel ne fut pas mon étonnement quand, remontant sur le pont, mon acquisition faite, je m'aperçus que le spectacle avait disparu et qu'il ne restait plus rien à voir que les spectateurs eux-mêmes contemplant avec stupéfaction le changement subit qui venait de s'opérer autour d'eux !

Nous venions d'être tout à coup assaillis, enveloppés par un de ces affreux brouillards qui ne se rencontrent que sur le Rhin. C'en fut fait, en moins de cinq minutes, du nez de tous les passagers ; en un clin d'œil le pont fut désert et l'on se mouchait dans le salon encombré, où chacun s'était réfugié, comme on ne se permet guère de le faire qu'au cinquième acte des mélodrames à succès.

Que faut-il de plus pour justifier tout ce qui précède? Ces bruits de nez, de nez de toutes les grandeurs, de tous les sexes, de tous les âges, de tous les dialectes, que dis-je ? de tous les accents, qui semblaient s'être rassemblés de tous les coins du monde sur ce bateau, dans l'unique but de s'y faire entendre, ces bruits vous eussent-ils trouvés sourds et impassibles ?

A quoi voulez-vous, cher lecteur, à quoi voulez-vous, plus chère lectrice, que pense un homme devant qui se mouchent tous ses semblables ?

Obligé de subir ce douloureux supplice, j'essayais sagement de tirer parti de mon mal lui-même. Qui pourrait m'en blâmer? De réflexions en réflexions, j'en étais arrivé à imaginer tout un système sur ce que l'émission de tous ces sons pouvait avoir de particulier, suivant qu'ils étaient produits par un nez allemand ou par un nez français, par un nez russe ou par un nez anglais, quand la patience m'échappa. Lire, écrire ou penser était également impossible. C'était assourdissant, c'était déchirant, c'était révoltant, c'était à n'y pas tenir. Je remontai donc sur le pont, résolu à tout braver pour éviter ce charivari de nez dont Offenbach seul, dans ses désopilantes opérettes, eût pu, peut-être, tirer quelque profit.

VII

De la supériorité des brouillards allemands. — Une idée du purgatoire. — Éloge de la pluie.

Un des effets du brouillard étant de faire perdre aux objets la netteté de leurs contours, le mât, la vergue, les cordages, les cheminées, les tables, la tente, les ballots amoncelés, la cage de la cuisine, celle qui sert de chambre au capitaine, et celle des fumeurs, tout avait pris sur le pont un aspect vacillant, tremblotant et indécis véritablement fantastique.

Le capitaine, juché sur le toit de la cuisine, son observatoire favori dans les moments graves, et le pilote, couché sur sa roue, au haut de son estrade, ressemblaient à ces titubants fantômes de baudruche, gonflés d'hydrogène, qu'on envoie inhumainement visiter les nuages dans les jours de réjouissance publique; ils ne m'apparaissaient plus que dans un lointain fabuleux.

Je m'imagine que les brouillards du Rhin doivent donner une idée assez juste de ce que peut être le séjour intermédiaire et blafard qui attend beaucoup d'humains, dit-on, après leur mort, sous le nom de purgatoire.

C'est la nuit, une nuit réelle. Seulement, cette nuit, au lieu d'être noire, est grise, ce qui est pis.

Dans les nuits noires, on se résigne; les yeux deviennent des instruments superflus, on les ferme, on prend son parti de cet aveuglement momentané, et tout est dit. On éprouve du moins un certain bien-être à se sentir dégagé pour quelque temps du soin d'y voir clair et de se conduire. Mais, dans la nuit que fait le brouillard, on a, sans compensation, tous les inconvénients de la cécité, car on voit encore qu'on ne voit rien, et c'est assez pour qu'on garde la tentation d'y voir toujours.

L'espoir irritant qu'en imposant à ses yeux l'effet douloureux de s'écarquiller dans ces ténèbres on finira par avoir raison de l'obscurité est, certes, un des supplices de ces nuits hors tour. Ce supplice serait peut-être tolérable, si l'on pouvait le subir à sec. Malheureusement, il se complique toujours de la prise d'un bain sans baignoire dont aucun expédient connu ne peut garantir l'infortuné que surprennent les brouillards du Rhin.

La pluie la plus violente est un ennemi naïf à côté de ces humides et perfides vapeurs. L'attaque de la plus furieuse averse est loyale du moins. On voit d'où partent ses coups, on peut s'arranger pour s'en défendre, si dans son arsenal on a un parapluie; ou l'on tend le dos, si l'on est désarmé. Le brouillard n'a pas cette franchise : plus rusé et non moins fort, il ne vous offre aucune alternative; il vous circonvient sans pitié par mille points à la fois et se rit également des parapluies et des ingénieux appareils de caoutchouc. Il ne se contente pas, en effet, de tomber sur votre tête, il surgit jusque sous vos pieds ; si bien que, quoi qu'on fasse, on est toujours à sa merci.

Quand on a reçu ce qu'il est convenu d'appeler une bonne ondée, pour peu que l'on ait de quoi changer d'habits, le mal n'est pas grand ; on sait ce que c'est, on a pris un bain dans un costume trop habillé; tant pis pour le costume, mais on ne meurt pas pour s'être inopinément rafraîchi. Le brouillard, lui, ne vous a pas laissé ce petit profit. C'est d'un air visqueux et malsain, c'est d'une atmosphère mi-partie vapeur et mi-partie fumée qu'il vous a oint et imbibé ; ce mélange épais et subtil tout ensemble, huileux et glacial à la fois, ne quitte pas si facilement sa proie. Après s'être condensé sans vergogne à un pouce de votre nez, en nuages lourds et gras; après vous avoir enveloppé comme d'un manteau de papier gris mouillé; après avoir fait de votre tête, si vous avez le malheur de n'être ni chauve ni imberbe, une sorte de paquet d'étoupes spongieuses, il disparaît tout à coup, c'est vrai, mais il vous laisse pour souvenir et pour adieu quelque implacable rhume de cerveau qui paralyse pour longtemps jusqu'à votre pensée. Craignez le brouillard en Allemagne !

Que si vous me demandez cependant la raison de cette incontestable supériorité du brouillard allemand sur tout autre brouillard, je vous répondrai que cette supériorité tient sans doute au génie particulier de la nation allemande. Jean-Paul a dit : « La Providence a donné aux Français l'empire de la terre, aux Anglais celui de la mer, aux Allemands celui de l'air, » et, par conséquent, du brouillard.

VIII

*Les Allemands vus du mauvais côté. — De la solennité.
Le vrai gain des voyages.*

Pour peu qu'on ait voyagé en Allemagne, on sait que la solennité n'est pas ce qui manque aux Allemands. Si la solennité a une patrie, elle est allemande.

En France la solennité, c'est-à-dire la gravité qui veut être vue, est une attitude qu'on ne s'avise guère de prendre qu'en public dans certaines occasions d'apparat où l'on croit bon de conformer son maintien aux sentiments qu'on veut mettre en évidence. L'Allemand, lui, est solennel dans les détails les plus familiers de la vie. Tout ce qu'il fait lui importe assez pour qu'il le fasse avec gravité. Il est majestueux pour son propre compte.

Un Allemand tout seul n'éprouve aucun scrupule, aucun embarras à être solennel vis-à-vis de lui-même.

L'Allemand qui s'adresse la parole se l'adresse avec considération ; sa bouche articule aussi consciencieusement les syllabes pour ses propres oreilles que pourrait le faire une bouche française pour le plus exigeant auditoire. Le vrai Allemand tutoie Dieu, mais il ne se tutoie pas; il croirait tomber dans la trivialité et se manquer à lui-même s'il ne se disait pas *vous* dans les nombreux monologues qu'il a l'honneur de s'adresser.

Cette habitude de la dignité appliquée aux plus petites circonstances a quelque chose de particulièrement imposant pour l'étranger qui ne sait pas l'allemand. Ce qui sort des lèvres d'un des membres de la Confédération germanique est tout d'abord l'objet de son respect. S'il aperçoit deux Germains s'entretenant de la pluie ou du beau temps, la noblesse de leurs regards, la gravité suprême de leurs voix, la grandeur de leurs gestes lui donnent à penser qu'il est en présence de deux sages faisant l'important échange de leurs idées sur les questions les plus ardues de la philosophie. Les Allemands causent peu, ce ne sont point des diseurs de sornettes, et leurs propos ne sont point propos en l'air, comme ceux de la majorité du peuple français; en revanche, ils semblent prêcher toujours. Ils montent en chaire pour se dire bonjour et en descendent pour se serrer la main; je crois qu'ils ont le bonheur de naître tous professeurs. Quand on n'apprend rien dans la société d'un Allemand, ce n'est donc pas sa faute.

Je me suis laissé dire, par des Français qui avaient l'incroyable prétention de savoir l'allemand, que cette gravité n'est qu'apparente, qu'il y a autant de vide dans la tête d'un Allemand pensif que de frivolité dans celle d'un gamin de Paris chantant la romance du *Sire de Framboisy*. J'ai refusé toute créance à ces méchants discours, et c'est probablement pour ne pas perdre la grande idée que j'ai de tout ce qui est allemand que, malgré mon admiration pour la langue de Gœthe, de Schiller et de Jean-Paul, j'ai eu soin de ne pas suivre le conseil qu'on m'a souvent donné de l'apprendre. J'ai mieux aimé garder, avec mon ignorance, mon opinion que tous les Allemands qui parlent s'en acquittent comme les héros des poëmes et des drames de leurs immortels écrivains, plutôt que de m'exposer, en m'instruisant, au risque de découvrir que, si les Allemands sont moins légers que nous, ils n'en sont pas plus sérieux pour cela.

Si, en mettant le pied sur le bateau, j'avais été un voyageur moins novice en Allemagne, je ne me serais certes pas permis d'adresser sans façon, comme je le fis, la parole aux deux ombres perdues dans les nuages qui me représentaient, l'une le pilote et l'autre le capitaine; j'aurais su qu'il est interdit sur tous les bateaux du Rhin de parler au PILOR (sic); j'aurais respecté le silence plein de pensées de deux mortels que leur position élevée et leur consigne auraient dû mettre à l'abri de mes interrogations familières; je n'aurais pas ignoré qu'il est aussi difficile de faire parler un Allemand qui veut se taire que de faire taire un Allemand qui s'est accordé la parole; j'aurais enfin attendu que les faits s'expliquassent assez éloquemment d'eux-mêmes pour comprendre, avec leur aide seulement, qu'une des agréables conséquences des brouillards du Rhin est d'arrêter net toute la navigation du fleuve, et de forcer tous les bateaux qui le sillonnent à jeter l'ancre pour ne pas s'entre-couler. Je me serais ainsi épargné l'humiliation de demander, sans l'obtenir, l'aumône d'un éclaircissement aux deux muets en qui reposaient nos destinées, et j'aurais compris plus tôt qu'un homme en panne, dans les brouillards du Rhin, n'a rien à espérer de la terre ni des hommes, et que c'est du ciel seul qu'il peut attendre la fin de son infortune.

Il n'est pas neuf de dire qu'on s'instruit en voyageant et que les voyages forment la jeunesse; il est neuf, peut-être, d'admirer la sagesse de ces vieilles formules et de l'interpréter.

Oui, les voyages forment la jeunesse! oui, on s'instruit en voyageant! C'est en voyageant, hélas! qu'on apprend, de façon à n'en pouvoir douter, que les hommes ne sont pas tous frères; qu'il suffit d'une barrière, de la couleur d'un drapeau ou d'un poteau, de la différence du langage pour mettre entre un homme et un autre homme un abîme; que, partout ailleurs que dans son pays, l'homme n'est qu'un solitaire; que la foule est le désert même pour l'étranger; que les cœurs les plus chauds sont de glace pour l'inconnu; que là où la pitié l'accueille la défiance le surveille; que dis-je? qu'il n'est pas jusqu'à son concours qui ne soit suspect à ceux même qui en profitent...

Quel est donc celui-là qui en est réduit à se dévouer pour qui l'ignore? qu'y a-t-il derrière cet homme qui a fui son pays? que faut-il penser de cet enfant qui erre loin de sa mère?

Ce que le voyageur apprend bientôt, surtout, c'est l'ineffable regret du foyer paternel, c'est la douceur des amitiés absentes, c'est le souvenir constant de l'accent du pays, c'est la mémoire obstinée des lieux évanouis, c'est l'amour de sa patrie perdue, c'est l'incessant désir de ce qu'il a laissé derrière lui.

Voilà le vrai gain du voyage.

Les pieds sur leurs chenets, quelques-uns disent, quelques-uns chantent — chant impie ! — qu'il n'est point de barrière et que la patrie est partout. Réponds à ces fous, voyageur ! Proscrit, ne t'indigne pas !

IX

Les peuples se jugent sans se connaître.

Les nations, grâce à l'invention des chemins de fer, se connaîtront peut-être un jour et il peut se faire que, se connaissant, elles en viennent à s'aimer. Un Français saura alors ce qu'il peut attendre d'un Allemand et, réciproquement, un Allemand d'un Français. Jusqu'à présent, ce qu'on peut dire de mieux des rapports des étrangers entre eux, c'est qu'avec beaucoup d'efforts ils en arrivent à se supporter quand ils sont éventuellement mis en présence.

Cette ignorance où vivent encore les nations de leurs véritables caractères distinctifs ressort, pour peu qu'on voyage, des jugements qu'elles portent les unes des autres. Ces jugements sont loin d'être définitifs, ils ne reposent que sur des apparences. Il est à croire que la gravité allemande, par exemple, est une invention française, comme il est certain que la légèreté française est une invention allemande et anglaise.

Les écrivains allemands qui ont le mieux connu et le mieux traité l'esprit de leur pays s'accordent à dire que la gravité allemande n'est qu'une formalité. On me permettra de dire que la légèreté française n'est, dans son genre, qu'une question de forme. Il serait singulier que la nation qui a, jusqu'à ce jour, servi de remorqueur à l'humanité fût, en effet, la plus légère. Quoi qu'il en soit de ces fausses opinions qui s'établissent d'un peuple sur un autre, le mal qui en résulte n'est pas grand. Ces fictions sont bonnes à garder provisoirement ; elles ont leur bon côté, elles nous aident à supporter d'un étranger ce que nous ne supporterions pas d'un ami. Tel s'arrange de la morgue d'un Allemand et rit du dédain grotesque des Anglais pour tout ce qui n'est pas anglais, qui serait incapable de la moindre longanimité vis-à-vis d'un compatriote.

Au lieu de me fâcher du silence obstiné, du silence prussien du matelot parvenu qui sert d'ordinaire de capitaine, je me trompe, de conducteur à ces gros omnibus d'eau qu'on appelle les bateaux du Rhin, je me bornai à mettre le tout sur le compte de la gravité allemande et fis vœu de me taire à mon tour, dût le bateau sombrer, faute d'un avis.

X

Méditation.

J'étais fidèle à mon vœu. Je fumais philosophiquement, silencieusement, mon cigare sur le pont désert, pensant vaguement au but si vague lui-même de mon voyage et beaucoup à sa folie, satisfait plus que fâché peut-être d'un contre-temps qui éloignait le terme d'une course que je n'aurais pas dû entreprendre. Je cherchais la raison de l'inexplicable entraînement qui m'attirait vers Ems, c'est-à-dire vers l'inconnu, comme si la raison pouvait être interrogée quand la passion et la fantaisie même sont souvent en peine de répondre. Je marchais en esprit à la suite de mon rêve, avançant et reculant tour à tour, ralentissant ou précipitant mon pas indécis, suivant que j'écoutais ou refoulais les suggestions de mon cœur.

La voix fraîche du petit Paul, étonnant et ravissant mon oreille de ce doux nom de père dont je n'avais jamais imaginé la douceur, les larmes de sa mère, le caractère étrange de la beauté de cette jeune femme, la grandeur évidente et la simplicité de sa douleur, l'adieu plein de tristesse de mon bon docteur quand je lui avais dit : « Je vais à Ems, » tout cela se disputait mon souvenir. Je me demandais de quel droit je me rapprochais de ce deuil sacré et si j'aurais la cruauté de le raviver par ma présence. Je me raffermissais dans ma route commencée en me disant que je n'allais rien demander après tout, ni même rien offrir; que je ne faisais qu'obéir au destin; qu'aimer sans raison et sans but était le lot de mon âme sans doute, puisque j'étais sur ce bateau en quête de ce supplice; que je n'avais enfin le droit de me refuser ni les joies ni les souffrances d'un sacrifice dont mon cœur robuste mesurait sans épouvante l'étendue. Je bâtissais sur un atome, sur un des grains de poussière de l'allée de Lichtenthal, je ne sais quel avenir impossible de dévouement sans bornes, d'abnégation héroïque, d'amour idéal, heureux de ses seuls refus. J'étais plongé tout entier dans les délices de ce songe, qui sera compris de tous ceux qui se souviennent que la jeunesse est avide de tout et surtout peut-être de douleurs. Il n'y avait plus de bateau sous mes pieds, plus de pilote muet et balourd, plus de capitaine silencieux et refrogné, plus de passagers grotesques fuyant et subissant l'influence du brouillard, plus de spectacle divertissant autour de moi. L'esprit d'examen avait disparu, la sensation absorbait tout et me rendait à ma nature allemande autant que française, il faut bien que j'en convienne. Je me croyais, je me sentais seul avec ma chimère, je la laissais voler autour de la fumée de mon cigare, j'admirais l'azur de ses ailes, son vol léger me faisait planer dans je ne sais quel monde meilleur, quand je fus rappelé tout d'un coup à la réalité par une exclamation que justifiait de reste, d'ailleurs, la manière même dont elle fut articulée, et averti ainsi que le brouillard avait encore une victime sur le pont, sans me compter.

XI

Où l'on entrevoit l'homme enrhumé. — Conséquence d'un rêve de jeunesse. — Triste sort d'un journal.

« *Baudit* brouillard ! s'écriait à quelques pas de moi une voix à la fois piteuse et solennelle. *Baudit* brouillard ! »

Découvert au milieu des vapeurs qui nous séparaient, le singulier personnage à qui venait d'échapper cette double imprécation m'eût paru fantastique, s'il eût été possible qu'un homme aussi enrhumé du cerveau que l'était évidemment celui-ci pût avoir quoi que ce soit de fantastique.

C'était un très-grand monsieur, tout de noir habillé, moins sa cravate, dont la blancheur criait autour de son cou et détachait sa tête de ses épaules. Il était pâle et maigre et paraissait en deuil; on eût pu penser que c'était de lui-même, car il semblait une ombre plutôt qu'un corps. S'il n'eût parlé français, j'aurais pu croire, à sa mine fâcheuse, à la longueur exagérée de ses bras et à la courbure particulière de son nez, que j'avais devant moi le diable en personne, hôte assidu des bords du Rhin, au dire des légendaires. Mais je n'ai point entendu raconter que Satan se soit jamais permis de s'exprimer dans notre langue. Est-elle trop verte ou trop claire pour lui? Je n'en sais rien. D'ailleurs, Satan enrhumé du cerveau et habillé comme un avoué de cour d'appel, c'était invraisemblable. Ce n'était donc point le diable! Alors qui pouvait-ce être?

Je me perdais en conjectures quand un pressentiment lugubre, un de ceux dont on est d'autant moins maître que rien ne les explique, traversant mon esprit, s'y logea tout à coup avec tant d'impétuosité qu'il en chassa tous les autres.

« Il est impossible, me dis-je, qu'une créature du bon Dieu qui se tient sur un pont de bateau, par un temps pareil, dans une tenue d'audience ou de salon, sans manteau, ni paletot, ni couverture d'aucune sorte, puisse être autre chose qu'un honnête homme au désespoir, lequel, se croyant seul, se dispose, à la faveur du brouillard, à faire un coup de sa tête et à se jeter par-dessus le bord. »

Un des rêves de ma jeunesse avait été qu'un jour viendrait, jour béni, où il me serait donné, dans une circonstance comme celle que je me complaisais à prévoir, de me jeter à l'eau tout habillé et de ramener mon prochain, mort ou vif, sur la rive. Je satisferai en ceci un homme justement célèbre, dont je comprends l'humeur contre les journalistes étourdis que ses œuvres ont plus touchés que l'acte de courageux dévouement qui honore sa vie. Certes, il est mille dons que les plus favorisés même peuvent envier à M. Alphonse Karr; mais ce que je lui ai toujours envié par-dessus tout, pour ma part, c'est d'avoir sauvé son cuirassier.

Mon rêve allait-il se réaliser?

Je ne suis plus si jeune, puisque je me souviens déjà de l'avoir été davantage; mais, bien que je susse à quoi m'en tenir sur la solidité d'un certain nombre de mes rêves de jeunesse, je restai néanmoins à mon poste, disposé à faire une belle action si elle devenait nécessaire.

J'étais adossé à la chaudière, qui me faisait un fond noir sur lequel l'œil d'un aigle même n'eût pu me découvrir, et, de là, je pouvais tout voir sans être vu.

L'étrange pantomime à laquelle se livrait le passager qui était l'objet de mon attention n'était pas faite pour m'ôter mes soupçons. Ses regards erraient autour de lui avec une inquiétude qui ne témoignait que trop du désir qu'il avait de n'être vu de personne; sa main se portait alternativement à son front et à son cœur; il ôtait et remettait son chapeau avec une agitation visible; son œil était morne, mais résolu.

Telle la cigogne mélancolique, au moment de partir pour des contrées nouvelles, jette, avant d'ouvrir ses ailes, un dernier regard sur la terre qu'elle abandonne.

Quand l'infortuné se fut bien assuré qu'il était seul, il s'approcha du garde-fou, sonda des yeux l'abîme que le brouillard trop complaisant semblait en quelque sorte rapprocher de lui pour qu'il fût mieux à sa portée; des paroles dont il eût été impossible de saisir le sens sortirent de ses lèvres; il fit un pas... Puis, comme s'il eût été retenu par une réflexion soudaine, mettant précipitamment la main à sa poche, il en retira, non sans peine, quelque chose qui semblait résister à son effort.

Était-ce un pistolet? Je le crus un instant. J'aurais compris qu'un homme qui veut mourir ne reculât devant rien pour assurer son sacrifice et demandât, pour plus de sûreté, au feu et à l'eau tout ensemble la fin de ses misères. La vue de cet instrument de mort ne m'eût donc causé qu'une médiocre surprise. Mais j'étais réservé à un autre étonnement.

Ce que l'ombre avait tiré de sa poche avec tant de trouble, on m'excusera d'éprouver quelque embarras à le dire, et j'eus d'ailleurs quelque peine à m'en rendre compte, c'était un journal!

Un journal! Certes, personne ne me suspectera d'être l'ennemi des journaux; il s'en imprime beaucoup sur notre globe, je voudrais qu'il s'en imprimât dix fois plus encore; je reconnais que la liberté qu'on laisse partout, à quelques-uns, d'imprimer leur pensée a du bon et je ne nie point que la presse ne soit un phare qui éclaire le monde, comme on s'est risqué à le dire quelquefois; mais j'avoue que je n'ai jamais bien joui de cette lumière de la presse quand elle n'était pas aidée, la nuit, par une ou deux bougies, et, le jour, par la clarté ordinaire du soleil. L'aspect d'un journal tiré d'une poche au milieu des ténèbres, en place d'un pistolet, par le mystérieux personnage qui m'occupait, et déployé par ce personnage avec précaution dans toute son étendue, me plongea dans un océan de rêveries.

« D'une part, me disais-je, si incendiaire que puisse être une feuille publique, elle ne peut remplacer une arme à feu : on ne se brûle pas la cervelle avec un journal ; de l'autre, s'il est vrai que César s'enveloppa dans son manteau avant de recevoir le coup mortel, et que madame Roland se fit faire une robe blanche pour aller à la mort, il est sans exemple que personne se soit encore drapé dans un numéro de gazette avant d'en finir avec l'existence...

« Ou bien, me disais-je encore, l'être bizarre qui m'occupe aurait-il le don de voir dans les ténèbres? serait-il somnambule? et le hasard va-t-il m'apporter la preuve d'un des phénomènes les plus contestés du magnétisme? Mais est-il vraisemblable qu'une feuille quelconque ait à ce point fanatisé un de ses abonnés, fût-il deux fois somnambule, que l'infortuné se croie obligé de lire et peut-être même de relire le numéro de son journal avant d'entrer dans l'éternité?... »

Ce n'était pas le moment d'abandonner mon examen. Je ne perdis pas de vue, on me croira sans peine, un sujet d'observation aussi précieux. L'incident du journal m'intriguait; il ne tarda point, hélas! à s'expliquer, et j'avoue que la réalité dérouta mes prévisions.

« Si cet homme n'est pas tout bonnement un fou, me dis-je quand je fus enfin parvenu à comprendre le but de ses apprêts et la cause singulière du retard qu'il apportait à l'accomplissement de son dessein, s'il n'est pas fou, c'est tout au moins un des êtres les plus distraits de la création. Il est évident qu'il croit avoir tiré de sa poche tout autre chose qu'une feuille de papier imprimé.

« L'emploi naturel d'un journal n'est point, à coup sûr, celui que ce pauvre halluciné s'apprête à en faire.

« Mais le sage ne doit jamais s'étonner.

« Après tout, pensai-je, quand cet honnête homme voudrait se moucher une dernière fois avant de quitter la vie, où serait le mal? »

Et me reprenant :

« Le mal! il est quelque part cependant. Ce ne peut pas être sans raison qu'une créature faite à l'image de Dieu se résigne à faire d'une gazette son mouchoir. Pourquoi cette incommode manière de procéder à une opération d'ordinaire aussi simple? Pourquoi un journal? »

Ma manie de trouver la raison de toute chose me fit imaginer, en dernier ressort, que l'acte de l'homme enrhumé pouvait bien être une vengeance contre la presse en général. Mais l'hypothèse ne résistait pas à la réflexion; une vengeance de ce genre eût été puérile en face de la mort. Je me trompais encore...

Un bruit, bruit trop connu, mit fin à toutes mes conjectures; l'acte de folie que j'avais prévu était consommé.

Mais il était écrit que, sur tout autre point, l'homme au rhume devait donner un démenti cruel aux plus sûres déductions de ma logique. Qu'on juge de mon désappointement, en effet, quand je m'aperçus qu'au lieu d'enjamber enfin la balustrade il s'était mis à se promener paisiblement, et j'oserai dire doucement, sur le pont, comme quelqu'un qui n'a rien de mieux à faire et aucun autre projet dans l'esprit.

J'attendis une minute, puis deux, puis trois; mais c'était et ce fut tout, absolument tout; j'eus beau attendre, j'eus beau me frotter les yeux, le drame était à son dénoûment.

« Peste soit du brouillard et de sa fantasmagorie! m'écriai-je m'adressant dans mon dépit à l'homme enrhumé lui-même. Croiriez-vous bien, monsieur, que, depuis une demi-heure, je suis là les pieds dans l'eau, et la tête aussi, à vous examiner, que dis-je? à vous surveiller, avec la sotte pensée que vous étiez venu sur le pont pour en finir avec la vie...

« Qui diable aussi aurait pu s'imaginer que le but de vos allées et venues, de vos regards furtifs, de toutes vos précautions enfin et de tout votre mystère était de faire à un journal quelconque l'affront de vous servir d'un de ses numéros comme d'un mouchoir? »

XII

Réponse de l'ombre. — Commencement de l'histoire d'un homme
enrhumé. — Présence d'esprit d'une vieille Anglaise.

« *Bossieur*, me dit l'ombre en me faisant un salut plein de courtoisie, mais avec une prononciation qui trahissait un rhume de cerveau arrivé à ses plus extraordinaires développements, prononciation que je n'essayerai pas plus longtemps de reproduire pour ne pas impatienter le lecteur; *bossieur*, je suis d'autant plus disposé à croire que je suis l'objet de cet examen, que cet examen, dont j'étais loin de m'expliquer les raisons, ne m'avait point échappé et m'avait, permettez-moi de le dire, singulièrement gêné...

— Quoi! lui répondis-je non sans quelque confusion, vous m'aviez aperçu?...

— Ne vous excusez pas, monsieur, me dit avec beaucoup de politesse l'homme au rhume; bien qu'il ait été très-embarrassant pour un homme de ma nature que l'attention, même la plus bienveillante, a toujours intimidé, d'en être réduit à se moucher devant un témoin aussi attentif que vous et dans des conditions aussi contraires aux usages reçus, l'affaire du journal perdra beaucoup de sa gravité à vos yeux, si vous voulez bien me faire l'honneur de croire que ce n'est pas chez moi une habitude de procéder comme je l'ai fait dans cette circonstance, et que ce n'est que par une exception fâcheuse que...

— Dieu me garde d'en douter, monsieur! lui répondis-je.

— Monsieur, répondit-il, le sort poursuit les uns à coups d'épée, les autres à coups d'épingle; heureux les premiers! ils ne meurent qu'une fois. Je suis, hélas! parmi les seconds, et le petit fait qui m'a réduit au sot expédient auquel vous m'avez vu avoir recours en est une preuve, entre mille autres.

« Je tiens à vous le faire connaître.

« J'étais assis dans le salon d'en bas, comme tout le monde; j'éprouvais une sorte de satisfaction coupable à constater qu'il y avait des misères auxquelles je n'étais pas seul en butte ; le spectacle de ce grand enrhumement qui n'avait épargné personne sur le bateau avait pour moi des consolations particulières ; je m'amusais du dépit de mes compagnons d'infortune, moins cuirassés que moi contre les taquineries du sort, et j'avais même trouvé une distraction presque agréable dans les lamentations d'une vieille Anglaise que le destin avait placée à quelques pas de moi, et que le brouillard semblait avoir extraordinairement incommodée, quand tout à coup les regards de cette vieille Anglaise s'arrêtèrent sur moi avec un air de convoitise qui me troubla d'autant plus que j'étais à cent lieues d'en imaginer les motifs.

« Mon incertitude ne fut pas longue. La perspicace lady venait de me voir tirer un mouchoir tout blanc de ma poche, et, m'interpellant avec résolution, elle me faisait savoir que c'était ce mouchoir qui avait mérité son attention, et qu'elle attendait de ma complaisance que je voulusse bien le lui céder comme supplément à tous ceux qu'elle avait déjà mis hors de service, à moins, daigna-t-elle ajouter, que je n'aimasse mieux, si je tenais trop à ce mouchoir, le lui prêter tout simplement avant de m'en servir...

« L'Anglaise m'avait présenté sa requête à voix

haute, tous les yeux étaient fixés sur nous. Il fallait faire à mauvaise fortune bon visage. Je répondis à la vieille lady qu'il m'était également impossible d'accéder à l'une ou à l'autre de ses propositions, mais que, la galanterie me faisant un devoir d'être toujours utile aux dames, je la priais d'accepter sans condition de payement ni de retour, et seulement comme un souvenir des brouillards du Rhin, l'objet de ses désirs.

« J'espérais être refusé, il n'en fut rien. Le rhume parlait plus haut que le *cant* anglais, et la bonne dame, s'emparant sans plus de scrupule de mon mouchoir :

« — Oh! *yes,* me dit-elle avec un sourire plein de grandeur, je n'avais pas eu tort de choisir vooh. Je voyais bien que vooh étiez un véritable gentleman. »

« Cet incident avait égayé tout le monde, excepté moi. Tous les lorgnons étaient braqués sur ma personne. Si une trappe avait pu s'ouvrir sous mes pieds, ou mieux, si le bateau avait pu sombrer tout à coup et engloutir en même temps que moi toute l'assistance, en commençant, bien entendu, par la vieille Anglaise, je crois que j'aurais remercié la Providence de m'arracher ainsi à l'intolérable supplice de ces regards moqueurs.

« Je n'étais pas au bout de mes maux. Après la société, la nature, elle aussi, a ses lois. Le brouillard avait aggravé mon infirmité. Je fus bientôt obligé de monter sur le pont avec l'idée douloureuse de tirer parti d'un journal que j'avais, par grand hasard, dans ma poche.

« Il m'avait fallu traverser tout le salon pour atteindre la porte. J'arrivai en trébuchant sur le pont. Mais, enfin, j'allais, je le croyais du moins, y trouver la solitude et pouvoir respirer et me moucher tout à mon aise !

« Vous savez de reste, monsieur, que je m'abusais encore et qu'une nouvelle épreuve m'y était réservée. C'est sans reproche, croyez-le bien, et uniquement pour vous montrer avec quelle opiniâtreté le sort me poursuit, que je prends la liberté de vous le rappeler... »

J'adressai quelques mots de condoléance à mon singulier interlocuteur et lui exprimai que j'étais heureux, en tout cas, que sa présence sur le pont n'eût point eu les causes bien autrement sinistres que je lui avais attribuées.

« Pour ce qui est de cela, me répondit l'homme au rhume, vous n'étiez pas si éloigné de la vérité que vous semblez le croire maintenant. Un homme aussi enrhumé du cerveau que je le suis songe naturellement tous les jours à mourir, et je m'étonne d'avoir résisté jusqu'à présent à la pensée que j'ai eue mille fois de mettre fin, en effet, par une mort volontaire à ma triste existence. »

XIII

Maxima in minimis. — La cabine des fumeurs. — Confidences. Lettre de la femme de l'homme enrhumé à son mari.

« La mort, lui dis-je, mon cher monsieur, c'est un bien gros remède, il me semble, pour un éphémère rhume de cerveau ?

— Monsieur, reprit l'homme enrhumé après une pause pendant laquelle il parut réfléchir profondément, monsieur, il y a rhume et rhume. Si vous voulez bien me prêter votre attention, la bonne opinion que vous avez du rhume qui m'afflige ne tardera pas à se modifier, et vous tomberez d'accord avec moi que je n'ai que trop de raisons de songer souvent à me débarrasser du fardeau de la vie.

« L'histoire a dû vous démontrer que les plus

grands effets avaient été quelquefois déterminés par les causes les plus futiles. Si l'époux d'Éléonore d'Aquitaine n'avait pas eu, un jour, la malencontreuse idée de couper sa barbe, ce qui fit voir à sa femme que le bas de sa figure était tout autre qu'elle ne l'avait imaginé, elle ne l'eût pas pris en dégoût, elle ne l'eût pas quitté, elle n'eût pas épousé ensuite le comte d'Anjou, duc de Normandie, plus tard Henri II d'Angleterre, elle n'eût point apporté à celui-ci en dot le duché d'Aquitaine, les Anglais n'eussent jamais rien eu à prétendre sur notre pays, la guerre de cent ans n'eût point eu lieu, et il y eût eu une vierge de moins dans l'histoire, celle d'Orléans, la glorieuse Jeanne d'Arc, ce qui eût été un grand déchet pour nos annales. Eh bien! monsieur, si, dans la vie des nations, ces phénomènes peuvent se produire, à plus forte raison comprendrez-vous que, dans la vie des individus, les circonstances les plus humbles, les plus grotesques, si vous le voulez, puissent amener fatalement les plus douloureux résultats. Quand un homme est en proie au sort jaloux, la chute d'un grain de sable peut peser plus lourdement sur sa vie que sur celle d'un autre la chute d'une montagne.

« Si vous voulez venir dans la cabine qu'on réserve sur ces bateaux aux fumeurs, elle est libre en ce moment, nous allumerons chacun un cigare; je vous mettrai au courant de mon histoire, qui prouve une fois de plus que les petites misères en cachent souvent de bien grandes. Cette histoire n'est pas longue, mais elle est faite pour attendrir le galant homme qui n'eût pas reculé devant l'ennui de se jeter à l'eau par ce vilain temps pour en retirer un inconnu...

« Tel que vous me voyez, me dit mon interlocuteur quand nous fûmes installés dans la cabine en question, tel que vous me voyez, monsieur, je parle du nez depuis ma plus tendre enfance.

« Si j'en croyais ma mère, cette infirmité ne serait cependant pas née avec moi. Elle serait le résultat d'un rhume que j'aurais attrapé à six mois en regardant imprudemment passer une procession, dans un costume un peu léger. On a toujours prétendu dans ma famille, et cela y avait acquis une certaine notoriété, qu'avant cette fatale époque j'aurais parlé comme tout le monde si mon âge me l'eût permis. Quoi qu'il en soit, c'est à cette infirmité, contractée dès le berceau, vous le voyez, c'est à cette infirmité si petite en apparence que je dois d'être le plus à plaindre des hommes.

« Je pourrais vous en donner mille preuves,

chaque heure de ma vie m'en fournirait plusieurs au besoin ; mais je ne vous en donnerai qu'une pour ne point abuser de votre attention, et, d'ailleurs, cette preuve étant concluante, toute autre serait superflue...

« Après mille traverses, conséquences pour la plupart du défaut de ma prononciation, je crus un jour avoir vaincu le destin, je me mariai. Ma femme était une bonne et estimable personne, pleine de goût, pleine de grâces et de distinction, et fort jolie aussi. Mais ce qui faisait son charme principal, c'était son extrême simplicité, son bon sens rare et son excellent naturel. Pendant six ans, je fus heureux, ou du moins, je crus l'être ! Ma femme, que la ténacité de mon infirmité avait bien un peu contrariée d'abord, semblait en avoir pris son parti, et, les plus célèbres médecins de Paris m'ayant, d'ailleurs, déclaré inguérissable, j'avais, de mon côté, renoncé à tout espoir et pris en patience un mal qui, après tout, n'était point une maladie. Je me portais bien, et, pendant longtemps ma femme se porta à merveille. Il y avait six ans que durait notre union, quand je m'aperçus que sa santé commençait à s'altérer ; elle était devenue extrêmement nerveuse, et j'avais le chagrin de la voir depuis quelques mois maigrir, pâlir et changer à vue d'œil, quand, un matin, je trouvai sur mon lit la lettre que voici, qu'on y avait sans doute déposée pendant mon sommeil.

« Cette lettre, lisez-la ; elle ne me quitte jamais ; lisez, dit-il en insistant d'un geste qui eût rendu un refus difficile : elle est de ma pauvre femme. »

Je lus donc.

Cette lettre était ainsi conçue :

Paris, le   18...

« Mon cher, mon bon, mon excellent mari, vous êtes le meilleur et le plus digne homme du monde, vous avez toutes les qualités, et peut-être toutes les vertus qui peuvent faire le bonheur d'une femme raisonnable; je ne suis pas, de mon côté, une mauvaise créature non plus, vous le savez, et je ne crois pas manquer, d'ailleurs, de sens et de jugement... et pourtant je vous quitte !

« Quand nous nous sommes mariés, il n'était pas convenu que le rhume que vous aviez ce jour-là ne vous quitterait qu'avec la vie. Vous m'aviez dit, cela fut votre seul tort, vous m'aviez dit qu'il n'était qu'un accident et j'en avais pris mon parti, bravement, pour quelques semaines, quoi-qu'il me fût bien dur déjà de voir que le soleil de nos amours ne pût faire dégeler les glaces de votre cerveau.

« Mais, devant une infirmité aussi opiniâtre, je n'y peux tenir... Je cède la place à votre rhume. Hélas ! il la mérite tout entière. Je mourrais épileptique, je mourrais, le mot n'est pas trop fort, je mourrais enragée, enragée de la vraie rage, je le sens bien, s'il me fallait un jour de plus m'entendre appeler par qui que ce soit *ba bignode*, pour ma mignonne, *ba bode abie,* pour ma bonne amie ! Quelle femme a été plus patiente que moi ? quel cœur plus courageux que le mien ? Dites-le vous-même. Quoi ! tous les jours, pendant six ans, pendant six siècles, je me suis entendu demander, à mon réveil, « si j'avais bien *dorbi,* ou « si j'avais *bal* à la tête. » Quoi ! pendant six ans, un homme, au lieu de me dire : « Je vous aime, » mot si doux, m'a dit : « Je vous *aibe !...* » Quoi ! je m'appelle Madeleine, et je me suis entendu, du soir au matin, appeler *Badeleine* sur tous les tons, et je ne serais pas excusable, et je serais coupable de fuir ce supplice sans pareil ? Non, non. Je suis au bout de mes forces, bien plus que de ma bonne volonté, croyez-le... Je pars donc, je pars pour ne point mourir sous vos yeux.

« Adieu, mon ami. Je vous ai donné six ans de

ma vie. Pendant ces six ans, pas un mot, pas une plainte n'a trahi ma souffrance et n'est venue doubler votre mal en vous le reprochant, en vous montrant ses ravages ! Comprenez que je parte. Hélas ! si votre rhume vous reste, mes vœux vous restent aussi : guérissez si vous le pouvez, c'est le plus vif désir de mon cœur. Dieu m'est témoin que rien autre chose ne nous sépare en ce monde que cette misérable infirmité. Guérissez et alors faites-le-moi savoir. Faites certifier dans les gazettes, par des médecins célèbres et honnêtes, que vous êtes radicalement guéri, que vous savez que la lettre M fait partie de l'alphabet et qu'elle se prononce autrement que la lettre B, et je serai alors toute à vous ; autrement, non !

« Je ne vous dis pas où je vais, je ne le sais pas. Je vais ailleurs ; je quitte les lieux qui m'ont vue souffrir, je fuis mon mal et ne m'arrêterai, si jamais je m'arrête, que dans un pays où les rhumes de cerveau seront inconnus, où une créature humaine qui parlerait du nez pourrait être montrée comme un phénomène.

« Votre désolée

« MADELEINE. »

Quand j'eus terminé la lecture de cette lettre bizarre, je regardai le monsieur noir.

« Eh bien ? me dit-il.

— Eh bien ? lui dis-je.

— Eh bien, reprit-il, vous êtes convaincu ? Un rhume de cerveau ne sera plus pour vous une plaisanterie. Quand un homme atteint de ce mal passera devant vous, vous vous direz : « C'est peut-être une grande infortune qui passe ! »

« Aveugle que j'étais, ajouta-t-il, je n'avais rien vu, rien pressenti, et je crois même qu'il m'était quelquefois arrivé de rire moi-même de mon état. Mais depuis... depuis, j'ai réfléchi, j'ai observé, je me suis rappelé, je suis descendu jusqu'au plus profond de ma conscience, et, après la douleur, la résignation est venue, la lumière s'est faite. Ma femme avait raison, mille fois raison, hélas ! Dieu m'est témoin que j'ai compris sa lettre et que, si malheureux que j'ai été et que je sois, je ne suis point injuste pour elle. A sa place, je n'aurais pas eu peut-être sa persévérance. Cette lettre, si cruelle qu'elle soit, un ange comme celui que j'ai perdu a seul pu l'écrire. Elle eût pu, elle eût dû être plus cruelle encore. Ma pauvre Madeleine n'y a certes retracé que la plus petite partie de ses souffrances...

« Entre hommes, me dit-il à voix basse, on peut

tout se dire; mais, enfin, chacun sait qu'un homme enrhumé du cerveau n'en est pas quitte pour parler du nez tant que dure le jour; personne n'ignore que son infirmité le poursuit jusque pendant la longueur des nuits et que son sommeil lui-même est encore un fléau pour les autres. Outre que l'infortuné est obligé de dormir toujours la bouche ouverte, il lui est, de plus, impossible de dormir... sans ronfler!

« Et cependant, pas un mot, dans cette lettre magnanime de ma pauvre femme, ne fait allusion à cette misère de ses nuits succédant à la misère de ses jours.

— Pour ce qui est de votre femme, lui dis-je, il ne m'appartient ni de la juger, ni d'être moins clément que vous. Mais pour ce qui est de votre rhume, êtes-vous bien sûr qu'il soit, en effet, sans remède?

— Au point de vue de la vie de ménage et de famille, il n'en existe aucun, me répondit-il; au point de vue de la vie publique, il en est un et je l'emploie.

« Ce qui est absurde, ce qui est ridicule dans ma situation, c'est sa permanence. J'ai trouvé le moyen d'ôter à mon rhume cet avantage sur moi. De même que le Juif errant, depuis que ma femme

m'a quitté, c'est-à-dire depuis dix ans, je marche...
je marche toujours sans m'arrêter jamais. Je voyage
sans paix ni trêve et ne séjourne nulle part plus
de vingt-quatre heures, si ce n'est dans les lieux
peu ou point habités. Mon rhume, dès lors, n'est
plus pour les autres qu'un accident. Personne ne
s'en étonne, très-peu le remarquent, et, si j'en
souffre autant, les autres en souffrent moins, me
dit-il, avec un regard plein de douleur.

« Seulement, au rebours de ma femme, qui
cherche un pays où les rhumes soient inconnus,
je cherche de préférence, je l'avoue, ceux où j'ai
la chance d'en rencontrer un plus grand nombre.
Comme certains oiseaux, je hante les bords des
marécages et j'erre volontiers autour des lacs.
J'évite en route, autant que je le puis sans manquer aux convenances, de faire des connaissances;
je ne parle guère qu'aux vieux prêtres, aux vieux
chantres, aux anciens procureurs, aux femmes qui
ont quatre-vingts ans, aux Israélites mâles, et, en
général, aux personnes qui portent des lunettes.
J'ai observé que ces catégories d'individus ont
tous un nasillement prononcé. Les étrangers dont
j'ignore la langue, qui ne savent pas la mienne,
me conviennent entre tous comme compagnons de
route; le langage des signes n'a point d'accent. Les

contrées sans soleil, les pays pluvieux, l'Angleterre, tout le Nord, quelques parties de la Russie, les rives des fleuves, les bords du Rhin, surtout dans cette saison, sont mes promenades favorites, et, si je trouvais jamais une contrée où l'hiver fût éternel, l'hiver qui autorise et justifie tous les rhumes, une ville où tout le monde parlât du nez, j'y planterais certainement ma tente.

— Allez à Amsterdam, lui dis-je.

— Merci, me répondit-il, j'en essayerai. »

Puis, reprenant le fil de ses souvenirs :

« J'ai eu dans ma vie un jour de bonheur sans mélange. Un matin, ma femme se leva. Mon nom est Michel, elle m'appelait *Bichel!*

« Elle aussi, elle était donc enrhumée!...

« Avec quel ravissement je l'écoutai parler du nez comme moi-même! Mais ma joie fut courte, courte, hélas! comme son rhume. Le soir même, elle voulut que je la conduisisse au bal de l'Opéra. Il y faisait si chaud, qu'elle en revint guérie.

« Si vous saviez, reprit-il après un moment de silence, si vous saviez avec quel soin j'évitais les paroles qui pouvaient lui rappeler mon infirmité, quelle étude opiniâtre je fis de notre langue à cet unique point de vue, quel chemin, quels détours je faisais faire à ma pensée pour la traduire sans qu'elle eût à toucher les écueils maudits, la lettre M et la lettre N, que je ne puis prononcer!...

« Savez-vous, s'écria-t-il, et n'est-ce pas encore fait exprès pour ou plutôt contre moi, savez-vous que ces deux lettres sont, de toutes les consonnes qui entrent dans l'alphabet, celles dont l'emploi est le plus fréquent, et que, dans toutes les langues, voire dans celles dont la première règle semble être de prononcer les mots autrement qu'on ne les écrit et de manger la plupart des lettres dont on surcharge l'orthographe, dans l'anglais par exemple (qui écrit Woolwich pour qu'on prononce Ouletch!)... savez-vous que, dans toutes les langues, ces lettres se prononcent obligatoirement sans presque jamais s'élider ou s'aspirer?...

« Non, répéta-t-il poursuivant de plus belle ce singulier monologue, que je n'osais interrompre, à cause du soulagement que je voyais bien qu'il en retirait, non, on ne sait pas tout ce que peut souffrir un homme enrhumé à perpétuité!

« J'étais à peine haut comme ce pliant, que déjà j'avais, dans mon infirmité, ma raison d'être malheureux. Tous les enfants savent dire « ma mère » « ou maman! » Hélas, ma pauvre chère mère bien-aimée, je n'ai jamais pu l'appeler que « ban-ban!...» Mais elle en riait, elle, et ne s'en choquait pas. Tout au rebours, elle me rendait, en m'embrassant avec un redoublement de tendresse, le nom même que je venais de lui donner; ce triste nom, elle en faisait une plus tendre caresse. J'étais son pauvre petit *Banban*, me disait-elle... »

La voix du capitaine se fit alors entendre. Le brouillard allait se dissiper, le soleil se débarrassait des voiles qui nous l'avaient caché. Le jour semblait sortir d'un rêve; c'était comme une seconde aurore, la nature tout entière rouvrait les yeux, les rives renaissaient. C'était un réveil, une résurrection générale.

Le pilote avait repris son poste. Il frottait sa roue avec amour pour la dégager de l'humidité qui la couvrait; on eût dit un serviteur de la Fortune, jaloux de plaire à sa maîtresse et occupé à rendre son lustre à son principal attribut. Déjà les passagers remontaient sur le pont. Je serrai la main de l'homme enrhumé, m'abstenant de tout commentaire, et quittai ce digne homme, presque ému, après lui avoir dit que celui qui avait le pouvoir de délier la langue des muets trouverait juste, pour récompenser sa résignation, de faire un miracle en sa faveur et de rendre un jour l'air et la liberté à son nez; que je ne doutais point que ses embarras ne cessassent bientôt et que ses chagrins, par suite, n'eussent une fin prochaine.

« *Berci,* me dit-il, *berci!* que Dieu vous entende, *hobbe* sensible ! »

Le soleil avait décidément repris possession de l'horizon. L'homme enrhumé s'en rendit compte, et, me le montrant d'un air morose :

« Voilà le soleil, me dit-il en se dirigeant vers le salon, qui à son tour allait être abandonné, le soleil, *bod eddebi,* je *be* cache (mon ennemi, je me cache); adieu. »

Il se cacha si bien, que la traversée tout entière s'acheva sans que je le revisse.

XIV

De Bingen à Coblence. — De Coblence à Ems.
Ems à onze heures du soir. — Le Kursaal. — La villa Balzer.

Je décrirai peut-être un jour les bords du Rhin ; pour aujourd'hui, je m'en abstiendrai. Il sortira ainsi quelque chose de bon des brouillards qui nous avaient assaillis. Ils auront sauvé de mes descriptions ceux qui n'eussent point aimé à les lire, et m'auront épargné de les faire.

Bieberich, Eltville, le Johannisberg, le Rothenberg, Geisenheim, Rudesheim, Ehrenfels, Bingen et son trou (Binger Loch), Asmanshausen, Rheinstein, Falkenburg, Sonneck, la Heimburg, Lorch, la Fürstenburg, le Stahleck, Bacharach, la Pfalz, Schœnberg, Ochsenthurm (la tour des Bœufs), Oberwesel, Lurlei, Rheinfels, die Maus und die

Katz (le Chat et la Souris), Sanct-Goar et Sanct-Goarshausen, die Brüder (les Deux Frères), Boppard, Braubach et Marxburg, le Kœnigsstuhl, Oberlahnstein, Stolzenfels, Lahnveck, villes et villages, prairies et vignobles, montagnes et rochers, châteaux en ruine et donjons restaurés, histoires et légendes, un des plus curieux amas de merveilles que le temps et la nature unis à l'art aient pu offrir à l'homme, avaient passé sous mes regards sans que je les visse, pour ainsi dire.

Les yeux de mon cœur étaient plus loin.

Quand Coblence et la citadelle d'Ehrenbreitstein se dessinèrent à l'horizon, mon sang se mit à bouillonner dans mes veines ; deux heures me séparaient encore du but de mon voyage. J'avais la fièvre.

L'admirable route qui relie Coblence à la ville d'Ems se déroula devant moi, comme le reste, presque inaperçue, bien que je la parcourusse à l'heure la plus favorable. Le jour allait tomber. J'avais bien comme une vague idée d'avoir vu le soleil se coucher dans des flots d'or et d'avoir aperçu, s'éteignant derrière les montagnes, l'incendie de nuages qui lui avait fait cortége à son déclin ; mais je n'avais point eu conscience de ce que mes yeux seuls avaient regardé. J'avais joui de tout cependant. La nature, et c'est bien en cela qu'elle est une mère, la nature comble jusqu'aux ingrats que ses bienfaits trouvent inattentifs; mon sang s'était calmé sous sa main caressante, et je m'étais endormi au souffle rafraîchissant de la petite brise qui avait succédé à la chaleur du jour.

Lorsque je me réveillai, j'étais à Ems. Mon cocher avait jugé à propos de ne s'arrêter qu'à la dernière maison de la ville. Je ne lui avais rien dit, j'étais dans mon tort. Son impassibilité allemande n'avait pas à s'inquiéter de mon sommeil. Or, Ems n'a qu'une rue; cette rue n'a, dans les trois quarts de son parcours, de maisons que d'un côté; elle est donc fort longue. Il nous fallut presque un quart d'heure pour nous entendre et revenir sur nos pas. Je voulais descendre à l'hôtel d'Angleterre; il n'y restait plus de place, tout était pris. Mon cocher me proposa de me conduire à l'hôtel de Russie. Je refusai vivement, et, laissant mes bagages au concierge de l'hôtel d'Angleterre, je me mis, à pied, en quête d'un logement.

Ce pouvait bien n'être pas chose facile à trouver. Il était onze heures passées. A cette heure-là, Ems, ville de baigneurs prudents et de sages buveurs d'eau, ville matinale d'ailleurs, est toujours endormie.

Un point brillait encore cependant dans la nuit sombre : le Kursaal.

Par les fenêtres ouvertes, on apercevait de dos les joueurs et leur galerie, silencieusement penchés sur les tables du trente et quarante et de la roulette. Ce groupe de muets mis en lumière par le feu des lampes paraissait occupé à quelque besogne maudite. Le tintement de l'or et de l'argent poussé ou ramené par le râteau des croupiers troublait seul le repos de la nuit. Entendu à distance, ce petit bruit sec et métallique avait quelque chose de sinistre. On eût dit le rire méchant du démon des jeux narguant, du fond de son palais, cette tranquille vallée. Les bâtiments du Kursaal, étincelants au dedans et sombres à l'extérieur, avaient pris, dans ce mélange de la lumière et de l'obscurité, des proportions bizarres.

On était tenté de se demander si ce n'était pas, en effet, un pouvoir infernal qui avait fait surgir tout à coup de terre cette maison étrange et ses pâles habitants, et s'il était bien possible qu'à l'aube il pût rester quelque chose de tout cela dans ce calme et charmant pays.

Il semblait que ces beaux lieux, que ces verts gazons, que ces profondes allées d'arbres si propices aux rêveries innocentes, que ces jardins odorants qui bordent la Lahn dans toute la longueur de la ville, que ces monts graves et doux qui abritent le nid délicieux au fond duquel Ems repose fussent les derniers qu'on eût dû choisir comme témoins de l'œuvre ténébreuse qui s'y accomplissait. Le génie du mal seul avait pu songer à dresser un temple à la plus stérile, à la plus desséchante de toutes les passions humaines dans cette romantique et sentimentale contrée.

J'avais vu vingt fois ces lieux et d'autres de même genre dans ma vie errante.

Au milieu du mouvement de la journée, et de la foule élégante qui se presse dans les villes d'eaux, ils ne sont qu'un détail ; l'éblouissement même des fêtes dont ils s'entourent fait oublier leur destination. On les visite volontiers, on se mêle au flot des promeneurs. Ils ne piquent rien que la curiosité ; on s'étonne que des esprits chagrins aient peint ces brillants palais comme des repaires ; on se demande où ils ont pris leurs noires couleurs, et quel mal peut sortir de ces gais salons ; on sait gré à tout ce luxe d'animer et d'enrichir des déserts ; et, si l'on s'en éloigne, on lui pardonne du moins d'avoir su vous retenir un instant.

Mais, vers le soir, veillant seuls comme une embuscade au milieu d'une contrée endormie, vus comme ils m'apparurent tout à coup, c'est-à-dire réduits à eux-mêmes et dépouillés de tout prestige, vus à l'heure où la lutte entre le joueur haletant et l'impassible banque est un combat sans merci, à l'heure où les derniers écus exhalent leurs derniers soupirs, l'illusion est impossible; on sent que là où est le jeu le reste n'est plus rien, que tout ce qui n'est pas lui n'est que son déguisement, et que c'est, après tout, un vice qui règne et commande en maître dans ces funestes lieux.

Je m'en éloignai rapidement, mais j'essayai en vain de retrouver le calme de mes pensées. Mon cœur s'était serré, il me semblait que ses battements s'étaient arrêtés dans ma poitrine. Je traversai le joli pont couvert qui mène de la rive droite de la Lahn à sa rive gauche. La pittoresque villa Balzer était encore ouverte, j'eus le bonheur de trouver dans une de ses deux tourelles un appartement que j'avais déjà habité, et d'éviter la pénible impression d'une chambre et d'un lit qui me fussent tout à fait étrangers.

XV

Réveil à Ems.

Néanmoins, le sommeil fut lent à venir ; je m'endormis et me réveillai tard. Quand je rouvris les yeux, j'avais pour hôte le soleil lui-même, pour hôtesse la lumière radieuse, ennemie des spectres et des cauchemars : où étaient les fantômes de la soirée ? J'ouvris ma fenêtre : le fond de la vallée était inondé de claires vapeurs, la Lahn apparaissait au loin comme un long serpent d'argent qu'envelopperait une gaze légère et glissait avec une coquette lenteur entre ses rives fleuries. A ma droite, les roches chevelues de Bederley se détachaient vigoureusement sur un ciel d'azur. En face, derrière les jardins du Kursaal, les maisons blanches de la ville, symétriquement rangées au pied de Kemmenau, ressemblaient à un ménage tout neuf qu'un enfant fier de son jouet aurait tiré dès le matin de sa boîte pour me le faire admirer à mon réveil. Le Kursaal lui-même avait perdu son aspect diabolique et montrait ingénument sa candide façade. « En quoi suis-je si terrible? » semblait-il dire. Son restaurant était, depuis plusieurs heures déjà, ouvert au public; de nombreuses tables rustiques semées sous les arbres étaient occupées par des buveurs de café, auxquels les eaux tièdes du Kesselbrunnen, du Kranchen et du Fürstenbrunnen, aidées d'un bon air ultra-matinal, avaient ouvert l'appétit.

L'orchestre, que dirige le chef de musique d'un régiment prussien, jouait les airs les plus vifs de son excellent répertoire, et le souffle frais du matin m'apportait ses plus brillantes ritournelles. De gaies caravanes de promeneurs, hommes, femmes et enfants, passaient sous le balcon de la tourelle, de mon appartement. Les plus vaillants étaient à pied; les enfants étaient à cheval sur des ânes; les autres sur des mulets, la monture favorite des buveurs et des buveuses d'eau, qui, prenant à la lettre les prescriptions du médecin, tremblent de laisser évaporer, dans la chaleur de la marche, les eaux puissantes dont ils se sont consciencieusement saturés de six à sept heures du matin. Des calèches couraient derrière l'établissement des bains, se dirigeant du côté de la maison du garde d'Oberlahnstein ou de Nassau.

Le Schweizerhaus, le Malberg, le Lindenbach, Kemmenau, étaient les buts variés de toutes ces entrées en campagne. Ce besoin universel de locomotion me gagna. Je remerciai Dieu de m'être réveillé trop tard pour aller aux sources du Kurhaus, où j'aurais eu quelque chance de rencontrer le petit Paul et sa mère, et je résolus de prendre d'abord conseil de ce beau jour avant de rien faire pour retrouver leurs traces.

XVI

Kemmenau. — Inscriptions découvertes par l'auteur sur les parois de la vieille tour. — Le gardien de la tour.

Je suis bon marcheur; je m'acheminai à pied, pour me donner une tâche sérieuse, vers Kemmenau : c'est la plus rude montée et la plus longue aussi parmi celles qu'on a ménagées aux voyageurs dans les montagnes qui entourent la ville. Il faut dire que le chemin est adorable, qu'on le fait presque toujours sous bois, et que, d'ailleurs, l'admirable panorama qu'on découvre quand on est arrivé au sommet vaut, et au delà, la peine qu'on a pu prendre pour s'en procurer la vue.

Il était midi quand je parvins au terme de mon ascension.

J'avais le bonheur de mourir de faim. Pour peu qu'on trouve quelque chose à se mettre sous la dent avant qu'un bonheur comme celui-là ait pris des proportions exagérées, c'en est un réel et que tout le monde a pu apprécier en voyage.

Ma faim me fut une occasion de renouveler connaissance avec le gardien de la vieille tour qui s'élève solitairement sur le plateau, et avec la vieille tour elle-même.

Cette tour de Kemmenau est sans aucun intérêt sérieux pour l'archéologue, bien qu'on fasse remonter son origine à Drusus, qui avait sillonné de ses lignes de défense toutes ces montagnes. Son aspect est des plus pauvres. C'est le seul abri pourtant que le duc de Nassau ait laissé aux voyageurs sur ce point, le plus élevé de son duché. Le rez-de-chaussée sert de cuisine et de cellier; le haut, composé d'une chambre unique de forme circulaire, est garni, pour tout ameublement, de deux tables et de quatre bancs de bois. Il sert à la fois de salle à manger et d'observatoire aux voyageurs. Les murs blancs peints à la chaux sont un carnet tout prêt pour les improvisateurs de tous les pays qui ont, sans compter leur nom, quelque chose à transmettre à la postérité.

J'y ai remarqué cette définition de la femme,

signée et datée par un M. Télesphore Kirch : « Les femmes, c'est un tas de serpents. »

Un vil anonyme avait couché sur un des bancs l'odieuse dénonciation que voici : « Je crois que le commissaire de police d'Ems a une perruque. »

J'en passe, pour arriver à cette inscription sentimentale : « Si j'étais riche, j'achèterais cette vilaine tour, et je la ferais couvrir d'or comme le dôme des Invalides. C'est ici, en mangeant des œufs à la coque, qui étaient un peu durs, que Léocadie m'a dit qu'elle m'aimait. »

Je terminerai cette revue par le beau vers de Victor Hugo, qu'un voyageur philosophe avait laissé sur le châssis d'une des fenêtres :

De tant de pas croisés quel est le but lointain ?

On me pardonnera de ne citer que des inscriptions françaises. En vrai Parisien, élève de l'Université de France que je suis, je n'ai jamais entrepris que de savoir ma langue, et j'aurais été incapable de traduire les autres.

J'ai oublié de dire que le gardien de la tour fait un agréable contraste avec son monument. Au lieu de quelque vieil homme ridé qu'on s'attendait à voir sortir de ces vieux murs, c'est une fraîche et brave jeune fille, très-accorte et très-intelligente, ma foi, qui vous en fait les honneurs.

Je retrouvai avec plaisir à son poste le visage avenant et l'accueil empressé de la bonne Frédérique (*Friederike*).

Frédérique est en même temps le cicerone des touristes curieux de s'instruire qu'attire la beauté du site et la maîtresse d'hôtel de ceux dont l'air des montagnes a creusé l'estomac. Je dois dire que ses talents comme cicerone dépassent ceux qu'elle montre à Kemmenau comme cuisinière. Elle parle le français et l'anglais avec une véritable facilité, s'exprime avec une vivacité peu allemande, et a si peu d'accent qu'on a peine à reconnaître en elle une fille de la trop grave Germanie. Élevée par un sien oncle, curé d'un village voisin, elle a de l'instruction et, ce qui vaut mieux encore, de l'éducation.

Dans mes précédentes ascensions, Frédérique avait fait d'inutiles efforts pour m'apprendre les noms [1], de prononciation peu facile, de tous les lieux qu'on découvre du haut de la tour; je ne jugeai pas à propos de mettre de nouveau sa patience et la mienne à l'épreuve, et trouvai préfé-

---

1. Ces noms se trouvent dans toute leur horreur, mais au milieu de beaucoup d'agréments, dans le livre que M. Méry a publié sur Ems.

rable de n'avoir affaire pour le moment qu'à la maîtresse d'hôtel. Je la priai donc de me préparer un déjeuner que j'étais sûr de trouver excellent sur la table de bois où il m'allait être servi, et que j'eusse probablement trouvé médiocre chez Véfour.

Puis j'allai, pour faire prendre patience à mon estomac, me coucher dans la bruyère.

Voir pour la première fois une chose vraiment belle est bon, mais je ne sais pas si la revoir n'est pas meilleur encore. Quand j'eus retrouvé, à une centaine de pas de la tour, une certaine place dont j'avais fait à d'autres époques mon observatoire favori, et de laquelle je ne perdais pas une ligne de l'immense éventail qui s'ouvrait à mes pieds, j'oubliai tout, même mon appétit.

XVII

La belle vue près de Kemmenau.

Je comprends que Dieu n'ait guère parlé aux hommes que du haut d'une montagne, et qu'il ait voulu se manifester à Moïse sur le Sinaï. Ce que je ne comprends pas, ce qui doit être apocryphe, ce sont les éclairs et les tonnerres dont les metteurs en scène de ce fait considérable ont cru devoir le décorer.

Le don que le Très-Haut fit à son prophète des tables de la loi était un fait assez imposant pour qu'il pût se passer de ces accessoires.

Sans avoir contre le tonnerre de parti pris absolu, on me permettra de dire en passant qu'il est pour moi la plus faible de toutes les manifestations divines et la moins intéressante. Le tonnerre, ce n'est que la colère de Dieu ; je me trompe, ce n'est que du bruit. Un Dieu tout-puissant ne saurait avoir de colère.

Quoi qu'il en soit, dire que Dieu est plus fort dans sa douceur que dans ses violences ne saurait être une impiété.

La vue d'un de ces splendides spectacles qui se déploient tout à coup sous nos yeux de la cime de certains sommets privilégiés n'émerveille pas seulement nos regards, elle ravit jusqu'à nos oreilles. Elle n'a pas besoin pour cela du secours relativement vulgaire de la foudre et de la tempête.

Il est certain qu'à toute heure du jour ou de la nuit les fleuves roulant dans leurs lits, les rivières cheminant dans la plaine, les prés côtoyant les eaux, les bois et les forêts suspendus aux flancs des montagnes, les villes perdues dans le creux des vallées, il est certain que tout cela a un langage pour qui sait le comprendre.

Mais il est une heure de la journée où ce langage prend des proportions surhumaines, et c'est l'heure même où il semble que tous les bruits dont il se compose d'ordinaire se soient éteints peu à peu. C'est l'heure du midi, cette heure chaude des beaux jours où le soleil à son zénith est dans la plénitude de son pouvoir et semble avoir tout réduit à se taire.

C'est du sein de ces mornes extases de la terre embrasée, c'est des confins mêmes de la couche brûlante de l'horizon muet, c'est de ce repos tépide, c'est de cet océan de feux qui semble tout absorber, c'est de ce brasier, c'est de ce silence énorme que s'élèvent, pour les sens délicats, les plus ineffables, les plus mystérieuses harmonies de la nature.

Si, le matin, la terre et les cieux nous racontent la gloire de Dieu ; si, le soir, ils bénissent sa grandeur ; à midi, c'est son amour même qu'ils célèbrent. C'est mieux qu'un langage, c'est un chant divin.

Ce chant, cette musique composée de tous les silences, celui de l'oiseau suspendant ses chansons, celui de l'insecte abandonnant son refrain, du vent retenant son haleine, des eaux arrêtant leurs murmures, de la création tout entière comprimant jusqu'à ses soupirs et se livrant sans voix à la toute-puissance de son Créateur, c'est à coup sûr un écho des hymnes célestes, un avant-goût de ce concert intérieur qui doit faire, pour les élus, de l'éternité elle-même, un moment. C'est la plus imposante des symphonies chantée par le plus admirable tableau.

La vérité est que l'impression reçue de ce festival de couleurs, de cet orchestre incandescent, où chaque étincelle lumineuse représente une note et un son, est presque entièrement musicale. On oublie ce qu'on voit pour ce qu'on croit entendre ; il est tel effet d'ombre et de lumière qui est l'équivalent de ces grands coups d'archet qui annoncent l'œuvre des maîtres. Ces flammes sont sonores, ces rayons ont des vibrations, et chacun d'eux semble la corde d'une harpe dont la base serait le monde.

Pour trouver en soi l'analogue de l'émotion qu'on ressent devant ces sublimes spectacles, devant ces grands morceaux d'ensemble, c'est à Mozart et à Beethoven qu'il faut penser, plus encore qu'aux maîtres, en cela insuffisants, de la palette et du pinceau. En effet, si ce sont les yeux qui contemplent et qui écoutent, c'est l'âme même qui entend.

« Monsieur, monsieur, me cria Frédérique, votre omelette vous attend ; si vous ne venez pas, elle va se refroidir.

« J'ai cru que vous dormiez, ajouta-t-elle en s'approchant tout à fait de ma cachette, et je venais pour vous réveiller. Quel vin voulez-vous ?

« — Ma foi, ma chère enfant, lui dis-je, vous m'avez réveillé en effet : je dormais les yeux ouverts, et d'un bon somme encore. Donnez-moi le vin que vous voudrez. »

XVIII

Ce que j'appris de Frédérique en mangeant trois omelettes.

Je grimpai sans me faire prier les quinze ou vingt marches du lourd escalier de maçonnerie qui conduit extérieurement à l'unique étage de la tour, et j'avoue qu'en voyant une omelette bien dorée, couchée proprement dans une assiette bien blanche, sur une nappe très-nette, je trouvai que, même après la belle vue de la Kemmenau, le petit panorama qu'elle m'offrait entre mon verre et la bouteille de rudesheimer que Frédérique m'avait apportée n'était pas à dédaigner.

Je me mis à table.

« Combien faut-il d'omelettes à monsieur, aujourd'hui? me dit mon hôtesse quand elle vit la façon dont j'attaquais celle qu'elle venait de me servir.

— Deux encore, lui répondis-je, après celle-là. Mais quand donc vous déciderez-vous, sur la Kemmenau, à avoir une carte un peu plus variée ?

— Dame, monsieur, me dit Frédérique d'un air chagrin, ça n'est pas facile, si haut, de varier une carte.

— N'avez-vous pas le village tout près d'ici, pour vous approvisionner ?

— Le village ! me répondit Frédérique ; je n'y ai jamais pu trouver que ce que j'ai à vous offrir : des œufs, du jambon, ou des pommes de terre et du lait. »

Elle descendit après cette réponse péremptoire, et m'envoya bientôt mon vin et mon second plat.

Quelques minutes après, je la vis reparaître avec le troisième.

Il est bon de dire que la batterie de cuisine de la Kemmenau se composant en tout d'une poêle unique et trop petite, la pauvre Frédérique était obligée de procéder par unité et de faire trois omelettes pour une par exemple, faute de pouvoir en faire une seule assez grosse pour trois, lorsqu'une demande si considérable lui survenait.

Frédérique avait sans doute à cœur de compléter sa réponse au reproche amical que je lui avais adressé, car, au lieu de s'en aller, quand elle eut placé devant moi ma troisième et dernière omelette :

« Il me vient si peu de monde, me dit-elle, que je n'ose pas faire de provisions. Croiriez-vous, monsieur, qu'à l'exception d'une dame et de son enfant, que j'ai vus, il est vrai, presque tous les jours cette semaine, je n'ai pas eu six déjeuners depuis dix jours ? Le temps est beau, pourtant, et c'est à n'y rien comprendre. Je crois que les cochers n'aiment pas la Kemmenau, dont la montée est dure même pour les mulets, et qu'ils détournent les voyageurs d'y venir. C'est cependant la plus belle vue d'Ems.

— Assurément, lui dis-je ; mais les croyez-vous capables d'une telle noirceur, ma chère Frédérique ?

— De celle-là et de bien d'autres, me répliqua Frédérique. Ils sont méchants et jaloux.

— Jaloux !

— Je m'entends, » dit-elle en souriant.

Puis, reprenant son idée :

« Il n'y a que les Français qui déjeunent, d'ailleurs ; les Allemands se contentent de café, et les Anglais de thé et de pain beurré. Quant à ce qui est de la dame et de son petit garçon, ce sont, depuis deux ans déjà, des habitués; je les ai vus quelquefois même en hiver, par les beaux jours, et ce n'est pas le peu que j'ai qui les éloignera de ma tour. Avec deux œufs frais et une tasse de lait, leur déjeuner est tout de suite fini; la maman ne mange que pour l'acquit de sa conscience, et le petit Paul...

— Le petit Paul! m'écriai-je en sautant sur mon banc; vous avez dit le petit Paul?

— Mais oui, dit Frédérique, le petit Paul.

— Est-ce bien d'une dame en deuil, jeune encore et très-belle, et d'un beau petit garçon de quatre ou cinq ans à peine, en deuil aussi, que vous me parlez, ma chère Frédérique? lui dis-je en essayant de déguiser mon émotion.

— Tiens, me répondit-elle, vous connaissez cette bonne dame?

— Très-peu, mon enfant; mais, si peu que j'aie l'honneur de la connaître, je m'intéresse à elle et au petit Paul. Comment se portent-ils?

— Le petit Paul va très-bien, me répondit Frédérique; il est très-joueur et bien mignon, le cher petit. Tenez, voilà son jeu sur l'autre table. Aussi longtemps que sa mère le lui permet, il joue ici à se faire un jardin avec la terre qu'il va prendre dans la bruyère; quand il en a assez, il va chercher des fleurs; avec sa terre et ses fleurs, il fait ce que vous voyez : ce côté-là, me dit-elle en me montrant du doigt un carré où le petit Paul avait planté des brins d'herbe et quelque bruyère, c'est son parc. Ici, où sont ces petites fleurs bleues, c'est le jardin de sa maman. Ce rond, où vous voyez ce bouchon, c'est sa maison; le bouchon fait la tour; enfin, les petites pierres à droite, ce sont les gros rochers de la montagne.

« Chaque fois qu'il s'en va, il me recommande d'avoir soin de son beau jardin, et, autant que je le peux, j'empêche qu'on n'y touche. Quand il me vient assez de monde pour que j'aie besoin de la table, je suis bien obligée de le déranger; mais, après, quand je suis seule, je m'amuse à le refaire.

— Bonne Frédérique ! lui dis-je.

— J'ai bien le temps ! me dit-elle. Quelquefois, sa mère et moi, nous essayons de lui faire des surprises, au cher petit, et, pour voir ce qu'il dira, nous mettons des myrtilles et des fraises, ou des mûres, ou même des bonbons dans son jardin. Mais rien n'étonne les enfants, et le petit Paul dit, en mangeant tranquillement nos surprises, que c'est le bon Dieu qui a fait pousser tout cela pour lui plaire, pendant la nuit.

« Sa mère sourit pendant qu'il joue ; mais la pauvre dame est bien faible, et sa grande peine se voit sous son sourire.

— Bien faible ! dis-je ; est-ce qu'elle a été malade ? est-ce qu'elle l'est ?

— Si elle l'est ! me dit Frédérique tout émue, vous me le demandez ? Vous ne savez donc rien ?... Aujourd'hui, elle était blanche comme une morte. J'ai cru que j'allais pleurer de la voir ainsi plus mal encore que de coutume. Après cela, c'est un mauvais jour pour elle. Il y a un an, date pour date, qu'elle a eu le chagrin dont elle ne peut pas se consoler et qu'on a mis son pauvre mari en terre.

« Avez-vous connu son mari ? me dit Frédérique après un moment de silence que je n'eus pas la force d'interrompre. Il aimait beaucoup la Kemmenau et y venait souvent. La dernière fois qu'il avait pu sortir, il s'y était fait monter encore dans la voiture de mon cousin, qui est douce, et par ses mulets, qui sont sûrs. Huit jours après, le pauvre monsieur, qui était venu dans notre pays pour y guérir, était mort. Je crois que c'est en souvenir de cette dernière visite que sa veuve revient si souvent me voir, et puis encore parce que, d'ici, mon cousin consent, ce que beaucoup de cochers n'aiment pas à faire, à la conduire par les hauteurs à Arzbach.

— A Arzbach! et pourquoi à Arzbach? Parlez donc, ma bonne Frédérique, lui dis-je avec une impatience dont je ne fus pas maître.

— Mais je parle, répondit Frédérique, et si bien, que j'ai peur de vous ennuyer. Je n'ai pas dit autant de paroles qu'aujourd'hui dans tout le mois. Allons, s'écria-t-elle, voilà quelqu'un, il faut que je descende. Je remonterai dès que je pourrai. »

Ce n'est pas sans raison qu'il est devenu banal de dire que la vie est un voyage. La comparaison est de tout point si exacte, qu'elle méritait de passer à l'état de lieu commun.

Vous courez le monde. La route est facile et fleurie, vos yeux ne rencontrent que riants et gais tableaux. Vous respirez sans fatigue. Vous marchez à votre aise. Le hasard vous précède, la fantaisie vous donne la main, le loisir allége vos pas, la commode insouciance, plus douce et meilleure encore que la gaieté, est, selon le besoin, devant ou derrière vous. L'horizon est bleu, d'ailleurs, et la terre verdoyante. Comme votre cœur, votre esprit est plein de songes et de chansons. Vous ne vous attendrissez en passant sur quelques détails de la route que pour mieux jouir du voyage tout entier. Prenez garde ! un point noir apparaît sur le fond d'or de votre ciel ; ce n'est rien à l'instant où je parle : faites deux pas encore, c'est la tempête ! c'est la terre et les cieux bouleversés ! Le sol a manqué sous vos pas. Un torrent vous ferme la retraite, une montagne se dresse devant vous. Allons, voyageur mon ami, tu es de force à souffrir ; à son tour, la douleur est là ! Fais-lui bon accueil, je te prie. Adieu les roses matinales, adieu les fleurs fraîches écloses de ta vie, et courage ! Tu es jeune, sois intrépide ! Des pieds, des mains et du cœur, fais ton devoir, et en avant ! La vie est un assaut. Je ne te le cacherai pas, le mont qui est devant toi, c'est le mont des Olives, celui qu'une fois au moins dans sa vie tout homme doit avoir gravi ! Courage, courage, te dis-je ! Surtout ne t'avise pas de prier le ciel, quand tu seras là-haut, de détourner de toi la coupe amère. Celui-là seul est brave qui a vidé sans sourciller son calice. Tu es arrivé enfant au pied de cette rude montée, il faut qu'un homme en redescende.

De Baden à Ems, il n'y a pas loin. Les naufrages sont rares entre les rives du Rhin. Les fées terribles des légendes n'habitent plus ses cavernes. Comme Circé, Lorely n'est plus qu'une image du passé. Les burgraves farouches sont morts, les altiers donjons ne sont plus que d'humbles celliers que ferme à peine le cadenas du vigneron. Le grotesque brouillard, les rencontres bourgeoises, les récits comiques, le soleil apparaissant et disparaissant tour à tour pour s'amuser des voyageurs; quelques divagations sentimentales mêlées aux vifs souvenirs d'un passé agréable, l'ascension elle-même de la Kemmenau et l'appétit d'un homme à la fois amoureux et bien portant; certes, rien de tout cela n'est tragique ! Comment donc expliquer que le simple son de ce mot : Arzbach, qui frappait mes oreilles pour la première fois, eût retenti tout à coup dans mon âme comme un tocsin d'alarme? Hélas ! c'était pour moi le point noir, messager des désastres...

— Abandonne-moi, lecteur, si, trompé par la première partie de ce voyage, tu n'as vu en moi qu'un bavard et gai compagnon, courant en train de plaisir à la poursuite d'un oiseau bleu.

SECONDE PARTIE

HISTOIRE DU PETIT PAUL

ET FIN DE L'HISTOIRE D'UN HOMME ENRHUMÉ

XIX

Récit de Frédérique. — Le père du petit Paul. — Sa mère.
La prière d'une veuve.

« C'était un Anglais, me dit Frédérique en reparaissant quelques minutes après. Il ne veut rien et m'a dérangé pour cela. Il n'y a que les Anglais pour se croire tout permis. Il est reparti sans même avoir regardé la vue. Qu'est-ce qu'il est venu faire?

— Vous me parliez d'Arzbach, Frédérique.

— J'y suis, reprit-elle ; il existe à Arzbach, dans une situation très-gaie, une petite église qui fait très-bien où elle est, quoiqu'elle soit délabrée, et tout à l'entour un cimetière qui avait tant plu au pauvre capitaine, qu'il l'avait choisi pour qu'on l'y enterrât.

« On a fait ce qu'il avait désiré... »

Je comprenais les courses à Arzbach.

« Le père du petit Paul était donc capitaine ? dis-je à Frédérique.

— Oui, me répondit-elle, capitaine de vaisseau, et c'étaient les fatigues de la guerre et une blessure qu'il avait reçue dans une lointaine expédition qu'il eut à commander dans l'océan Glacial qui avaient tant empiré son mal.

« Quant il fut mort, le docteur qui lui avait donné ses soins, voyant que la pauvre veuve ne sortait pas du cimetière, avait exigé qu'elle quittât le pays. Figurez-vous qu'elle passait des journées entières à Arzbach, agenouillée sur la tombe de son mari quand elle se portait bien, assise quand cela allait mal. Une fois là, elle oubliait tout et presque son petit Paul. La servante m'a dit qu'à force d'y rester elle s'imaginait parfois que celui qui n'était plus pouvait l'entendre, et qu'alors elle lui parlait pendant des heures comme s'il eût été là pour lui répondre... Par deux fois on l'a emportée évanouie à la cure, qui heureusement touche au cimetière. Le pauvre petit Paul, las de jouer et de courir à travers les tombes, était venu de lui-même avertir que sa maman s'était endormie et demander qu'on l'aidât à la réveiller.

« Le curé, voyant cela, s'était inquiété et avait

ordonné à sa servante d'avoir toujours l'œil sur le cimetière quand la dame était là.

« Pour obéir au docteur, la mère du petit Paul avait un jour consenti à quitter Ems et à aller à Baden, qu'elle avait habité avec son mari, avant que le mal qu'il avait les fît venir par ici. Mais la voilà revenue, malgré la défense. Si vous la connaissez, dites-lui donc de se faire une raison, non pour elle, qui aimerait mieux mourir, mais pour son petit enfant, qui resterait orphelin. Elle ne sait pas comme elle est malade, bien sûr; sans cela, elle essayerait de se guérir.

« Vous me croirez si vous voulez, poursuivit Frédérique, mais cela m'a fait autant de peine que de plaisir de la voir arriver. Pour le petit Paul, cela a été tout agrément; il m'a embrassée comme un petit fou. Le cher enfant ne demande qu'à aimer; il a des baisers plein la bouche pour les moindres plaisirs qu'on lui fait.

« Chaque fois qu'il remonte en voiture après leur repas fini : « Quitte donc la tour, » me dit-il; « viens avec nous à Lichtenthal, c'est « encore plus joli qu'ici. » Sa mère aussi m'a demandé plusieurs fois de la suivre; cela m'a coûté de lui dire : « Non. » Si quelque chose ne me retenait pas, quelque chose et quelqu'un, reprit-elle en rougissant, j'irais où elle voudrait.

— Il est fâcheux que vous ne soyez pas libre, lui répondis-je ; vos soins lui seraient bien utiles, ma chère Frédérique, et ce serait une bonne action de rester ainsi auprès d'une malade.

— C'est que, me dit Frédérique, c'est que je suis fiancée... et mon cousin aurait de la peine aussi si je m'en allais, quoiqu'il ait bon cœur pour le petit Paul et sa mère.

« Une femme qui aime tant son mari, c'est encore rare, reprit naïvement Frédérique, passant ainsi, sans transition, d'une idée à une autre.

— Mais, lui dis-je, non sans rougir du dépit qui dictait ma réponse, quelle preuve avez-vous donc eue personnellement que cet attachement fût si grand en effet ?

— Des preuves ! repartit Frédérique avec une extrême vivacité, j'en ai eu cent. J'en ai eu tous les jours. Tout ne disait-il pas quand on regardait le capitaine et sa femme : « Voilà deux êtres qui s'aiment pleinement ? » Est-ce qu'une femme dont le cœur est donné a la figure de la première venue ? Pendant la vie du capitaine, les petites choses comme les grandes faisaient voir qu'ils s'aimaient ; mais, après, cela a été bien plus frappant encore pour sa pauvre veuve. Elle a eu tout de suite le visage de quelqu'un qui ne vivra plus que de souvenir,

« Tenez, dit-elle, je vais faire une chose qui n'est pas dans mon droit peut-être, une chose qui n'est pas bien, mais c'est un si grand sacrilége que d'avoir l'air de douter de cet amour plus clair que le soleil, que je veux vous convaincre.

« Un jour, un monsieur de Paris, qui voulait faire un livre sur Ems, avait déjeuné là-haut, et, tout en déjeunant, il s'était mis à écrire. Après lui étaient venus, comme toujours, le petit Paul et sa mère. Quand ils furent partis, je montai pour tout ranger. Sous une table, je trouvai un papier couvert d'écriture. Je crus que c'était une feuille du travail du journaliste, qu'il avait jetée là comme inutile, et, par curiosité ou par désœuvrement, je me mis à la lire.

« Quand j'eus lu le commencement, je continuai ; mais ce n'était plus pour amuser mon temps, c'était par un attrait plus fort que moi ; et, bien que ma conscience me le reprochât, j'allai jusqu'au bout. Ce que je lus me parut si bien, me fit tant pleurer, cela me montra si visiblement toute la souffrance de la mère du petit Paul, et cela me les a tant fait aimer tous les deux, elle et son enfant, que, bien que ce que j'avais fait fût mal, je n'en eus pas de regret.

« Ce n'était qu'une prière pourtant, la prière d'une femme qui n'a plus celui qu'elle aime et qui dit sa peine au bon Dieu.

« Le papier resté là-haut avec l'encre, après le départ du Français, s'était trouvé sous la main de la mère du petit Paul ; et, pendant que l'enfant dormait, ce qui lui arrivait souvent au milieu de la journée, elle avait cédé sans doute à l'occasion d'écrire pour elle-même ce qu'elle ne pouvait dire devant personne.

« Tenez, ajouta Frédérique en tirant une feuille de papier d'un petit livre de prières qu'elle avait toujours dans sa poche, vous pouvez lire ; je ne crois pas qu'il existe un assez méchant homme pour rire de ce qui est écrit là. »

Je n'eus pas la force de refuser la leçon que le hasard m'apportait : je lus donc ce qui va suivre ; avec quel trouble ! il serait superflu de le dire.

L'écriture était d'une main assez ferme et très-rapide ; c'était écrit comme une seule phrase et sans rature. Il semblait que la pensée fût venue d'elle-même se fixer sur le papier, ce n'était qu'un long cri d'amour et de douleur.

Au haut de la page, il y avait cette suscription :

MA PRIÈRE A ARZBACH.

« Mon Dieu, fais que je reste fidèle à la mémoire de l'ami qui repose sous cette pierre. Fais que je respecte et que je chérisse dans sa tombe, d'un respect et d'un amour tous les jours plus vifs, l'homme que j'ai honoré et adoré tant qu'il a vécu.

« Préserve-moi, mon Dieu, des faiblesses et des misères qu'on dit attachées à notre pauvre nature. Ne permets pas que je me console jamais d'un deuil si légitime. Accorde-moi que les angoisses de mon veuvage soient en ce monde toute ma félicité.

« Renouvelle tous les jours, ô mon Dieu, la provision de mes larmes, qu'elles soient intarissables! Laisse-moi ma douleur toujours tout entière, pareille toujours à celle de l'heure terrible de la séparation. Garde-moi de souffrir moins parce que j'aurai souffert plus longtemps. Permets-moi d'avoir confiance dans la constance et dans la durée de mon chagrin. Ne t'offense pas que mon seul délice soit de pleurer toujours. Mets dans mes yeux des larmes plus amères encore, plus brûlantes si c'est possible, plus dignes enfin de la grandeur de ma perte. Fais-moi connaître les larmes de sang que tu as connues toi-même, ô mon Dieu !

« Que ceux-là mentent, Dieu véridique, qui prétendent que le temps apaise tout, qu'il emporte tout, que tout s'use dans la marche des ans ! Ne me laisse pas vivre assez d'années pour qu'une ombre se mette entre le souvenir de l'époux que tu m'avais donné et moi. Fais-moi la grâce que je meure plutôt que de voir jamais son image s'obscurcir et mon chagrin m'échapper.

« Épargne-moi enfin, Dieu fort et bon, cet opprobre sans égal de trouver trop grande ma détresse et de m'apercevoir d'une solitude que doit remplir à jamais mon seul désespoir.

« Si j'ai la confusion de n'avoir point suivi au tombeau celui que j'aimais, si tu m'as forcé de lui survivre, si, pour m'empêcher de mourir, tu as attaché ma vie à celle de notre enfant, je vivrai donc ; mais aide-moi, grand Dieu ! donne-moi la force d'accomplir ma tâche, et que, quand il me sera permis de m'en aller, je puisse dire au fils, devenu homme, de ton serviteur et de ta servante : « J'ai été digne de ton père, mon enfant. »

« Je te prie encore, ô mon Dieu, et pardonne à ma faiblesse ce vœu peut-être impie, je te prie que là-haut mon époux soit penché sur cette tombe où je l'ai vu s'abîmer, qu'il voie mes larmes, que pas une ne soit perdue pour lui, qu'elles montent et descendent à la fois jusqu'à lui dans le ciel où tu l'as appelé et sous cette terre qui le recouvre. Il doit être bon, même à tes élus, de se sentir regretté ici-bas ; mais, dût la joie sereine que tu leur réserves là-haut en être troublée, accorde-moi qu'il entende tous mes sanglots, ô mon Dieu !...»

« Eh bien, me demanda Frédérique, que dites-vous de cela ?

— Je dis, répondis-je d'une voix que j'essayais en vain de raffermir, je dis que ces lignes sont en effet l'expression d'un amour sans bornes, et qu'après avoir été aimé ainsi on peut mourir.

— A la bonne heure, dit Frédérique ; si vous pensez ainsi, je n'ai point eu tort de vous laisser voir ce papier. N'osant pas le rendre, je l'ai gardé. Quand on a pensé de si bonnes choses, on ne doit pas être content que cela soit connu.

« Il faut dire pour être juste, ajouta-t-elle, que le capitaine était le meilleur des hommes et d'une figure qu'il était impossible de ne point aimer.

« Ah ! mon Dieu ! s'écria-t-elle tout à coup, ah ! mon Dieu !...

— Qu'avez-vous, mon enfant? lui dis-je, et quelle idée vous passe par la tête de me regarder avec ces deux yeux effarés?

— J'ai, reprit Frédérique tout interdite, j'ai que je n'y avais pas encore fait attention, mais que vous lui ressemblez comme deux gouttes d'eau, au pauvre capitaine. C'est à faire croire que c'est lui-même qui est revenu. Est-ce que vous êtes son frère, monsieur Georges?

— Je n'ai jamais vu le capitaine, et je ne suis pour sa veuve qu'un étranger, répondis-je à Frédérique; elle ignore jusqu'à mon nom. Quand vous la reverrez, promettez-moi de ne pas lui dire que quelqu'un s'est enquis d'elle; vous l'inquiéteriez sans utilité. »

Je savais tout ce que je voulais savoir, je me levai de table, et dis adieu à Frédérique. Mon parti était pris.

Ce brusque départ surprit Frédérique.

« J'ai peur d'avoir trop parlé, me dit-elle en m'interrogeant d'un regard inquiet et méfiant. Mon histoire et la lecture de ce papier vous ont coupé l'appétit.

— Rassurez-vous, lui dis-je, ma chère enfant, vous n'avez rien dit qu'il fallût taire; et, bien que le sujet de notre entretien ait été douloureux, vous m'avez fait grand bien en m'apprenant des choses qu'il était bon que je connusse. Adieu encore et à demain.

— Vous allez à Arzbach, me dit la clairvoyante Frédérique.

— Je ne sais où je vais, » lui répondis-je.

XX

Bon cœur et bon sens de Frédérique. — Elle vient avec moi à Arzbach.

Quand je fus à une vingtaine de pas de la tour, je me retournai pour faire de la main un dernier signe d'adieu à Frédérique. Je m'aperçus alors, non sans étonnement, qu'elle était en train de fermer sa porte et qu'elle en mettait les clefs dans sa poche comme si elle se disposait à abandonner la tour.

« Que faites-vous? lui dis-je; votre journée finit-elle sitôt aujourd'hui?

— Je fais ce que je dois faire, me répondit Frédérique, dont la figure avait pris tout à coup une expression de gravité et de résolution que je ne lui connaissais pas. Je vais à Arzbach, moi aussi. Je

devine tout. N'espérez pas me cacher la vérité. La
mère du petit Paul m'a parlé hier de la rencontre
pénible qu'elle avait faite à Baden d'un monsieur
qui ressemblait tant à son défunt mari, que son
malheureux petit enfant, qui ne sait pas encore
que l'on meurt pour toujours, l'avait pris pour son
son père. Elle m'a dit le mal que leur avait fait
à tous les deux cette rencontre : vous êtes ce monsieur!

« Jusqu'à ce jour, je vous ai cru honnête et bon ;
à l'heure qu'il est, je ne sais plus ce que vous êtes,
car vous allez à Arzbach, quoique vous disiez le
contraire, à Arzbach, où votre vue ne peut faire
que du mal.

« Tenez, ajouta Frédérique avec une expression
pleine de hauteur et de douleur à la fois, les
hommes des villes sont mauvais. Je ne comprends
pas que votre esprit ne vous dise pas, à défaut de
votre cœur, que, s'il y a parmi nous toutes une
femme que les hommes doivent respecter, c'est
celle qui pleure, sans vouloir rien entendre, celui
d'entre vous que son cœur avait choisi. »

Pour toute réponse, je tendis vivement les deux
mains à la noble enfant. Ce n'était plus seulement
une petite paysanne à la fois bizarre et naïve que
j'avais devant moi, c'était une honnête et vaillante

fille, une nature forte et élevée, une vraie femme enfin, ayant le sentiment des droits et des devoirs de son sexe, et réclamant pour une autre le respect qu'elle avait la conscience de mériter elle-même.

« Donnez-moi la main, lui dis-je, ma chère Frédérique ; je m'étais toujours douté que vous étiez une loyale et intelligente créature, supérieure à votre sort ; aujourd'hui j'en suis sûr, et je vous sais gré de vos paroles, bien qu'elles soient dures et injustes pour moi. Si depuis une quinzaine de jours, cédant à un sentiment qui s'ignorait lui-même à force d'ignorer son objet, j'ai pu mériter en quelque point la triste opinion que vous semblez prendre de moi, je dois dire qu'à mesure que vous parliez et que j'apprenais par vous à bien connaître la personne dont vous me parliez, la lumière se faisait en moi. Je vais à Arzbach, c'est vrai ; mais rassurez-vous, j'ai toute ma raison, et ce n'est pas le mal que j'y ferai, comme vous l'avez pu craindre, c'est le bien, si le bien est possible.

« Ce que vous m'avez dit de l'état dans lequel se trouve aujourd'hui la veuve du capitaine m'épouvante. Je ne serai tranquille que quand je l'aurai vue quitter Arzbach, où elle doit être encore, et que votre cousin l'aura ramenée à la ville. Le capitaine devait avoir des parents, des amis dans son pays ; je le saurai par le médecin qui l'a soigné, peut-être par le curé d'Arzbach. S'il faut écrire en Russie, prévenir les personnes qui doivent et peuvent s'intéresser au sort de cette infortunée et de son enfant, je ferai tout cela ; je puis le faire, dis-je à Frédérique, dont je voulais prévenir le dernier soupçon, sans me montrer ni me faire connaître. »

Frédérique m'avait écouté en silence, ses yeux n'avaient pas quitté les miens, on cût dit qu'elle voulait voir si mon regard démentirait mes paroles.

« Soit, me dit-elle, bien que j'aie eu tort et raison tout ensemble, ce que je viens d'écouter me rend ma confiance en vous. Mais j'ai bien peur que vous ne vous trompiez, et que rien ne soit possible de ce que vous dites en faveur de la mère et de l'enfant. Le capitaine et sa femme vivaient comme des gens qui sont seuls au monde, et je crois même, ajouta-t-elle non sans hésitation, je crois qu'ils n'étaient pas aisés. A la mort du capitaine, qui ne pouvait plus marcher depuis longtemps, il était dû bien des courses à mon cousin, et c'est avec un bracelet, que la mère du petit Paul l'a prié de vendre, qu'il a été payé. Je crois qu'il y avait eu de grands malheurs dans cette maison, que le mariage du capitaine avec sa femme n'avait pas convenu à sa famille et que ses parents étaient morts après l'avoir déshérité ; car un jour la pauvre femme m'a dit, comme si elle avait eu besoin de s'excuser de trop aimer son mari : « Comment me « consolerais-je d'avoir perdu celui qui m'avait « tout sacrifié ? » Pour tout dire, vers la fin, on sentait leur gêne. Ce matin, madame croyait avoir perdu un billet de cinq thalers, et elle qui ne savait pas compter il y a deux ans, elle semblait préoccupée de cette perte. Peut-être bien qu'ils avaient eu d'autres revers encore... Le médecin, un jour, avait dit à madame que l'air de son pays sauverait peut-être son mari ; elle était devenue toute pâle, et de grosses larmes avaient roulé de ses yeux : « L'air de son pays, » avait-elle répondu, « l'air de son pays ! mais nous n'avons plus de « pays, docteur ! ne répétez pas à mon mari ce que « vous venez de me dire. Cela ne ferait qu'ajouter « à son mal, de lui indiquer un remède qui n'est « point à sa disposition. »

— Tout ce que j'entends, dis-je vivement à Frédérique, ajoute à mes raison d'aller à Arzbach. Quelque chose me dit que je devrais déjà y être,

Le curé a peut-être le secret de cette triste vie, et si ce que vous pensez est vrai, si mes craintes malheureusement se confirment, notre petit Paul sera bientôt orphelin, et je suppose, ma chère Frédérique, qu'il n'est défendu à personne d'ouvrir les bras à ceux que Dieu lui-même semble abandonner. »

Frédérique se mit à pleurer, et, par un geste qui fut trop prompt pour que je pusse le prévenir, elle porta ma main à ses lèvres.

« Pauvre petit Paul! dit-elle; n'aurai-je à lui offrir que mon chagrin? »

Après un instant donné à son émotion, la charmante fille releva tout à coup la tête, et, s'essuyant les yeux :

« Allons, dit-elle, il ne s'agit pas de pleurer. En y pensant, j'ai peur à mon tour. La pauvre dame était vraiment très-mal ce matin, nous l'avons presque portée dans sa voiture, mon cousin et moi; elle était trop faible pour y monter toute seule, et Rudolphe m'a dit tout bas qu'il n'irait qu'au petit pas de ses mules; cela l'avait donc frappé aussi. Si vous y consentez, j'irai à Arzbach avec vous.

— Venez, venez vite, mon enfant! » lui dis-je.

XXI

La route par les hauteurs. — Blasphème. — Descente sur Arzbach.
Le cimetière. — La mère du petit Paul.

Nous marchions en silence; nous suivions un sentier étroit qui domine la crête de la montagne et qui, d'après Frédérique, nous conduisait en ligne droite par les hauteurs à Arzbach. Nous aurions voulu dévorer la distance. Le même poids pesait sur nos pensées.

Nous laissâmes bientôt derrière nous la forêt. Nous vîmes alors s'ouvrir, à droite et à gauche, deux adorables vallées. Tout respirait, tout vivait, tout surabondait sous mes yeux. Jamais contrée plus inopportunément riante et luxuriante n'avait offensé ma vue. J'aurais compris sous mes pas un désert, une terre aride et désolée, mais c'était comme une dérision du sort d'avoir à traverser ainsi un paradis pour aboutir à un cimetière.

« O terre pleine de mort, me disais-je, pourquoi cet étalage de vie ? »

La richesse de ce beau jour m'indignait. J'eus un instant de folle colère, une sorte d'ivresse contre cette pompe de la nature.

« Forêts orgueilleuses, pensais-je, pourquoi surgissez-vous ? votre destin n'est-il pas de retomber en poussière ? Soleil éphémère, pourquoi t'allumes-tu ? Ciel insondable, pourquoi te fais-tu visible à mes yeux, si tu n'es que le vide immense ? Globe fragile, pourquoi roules-tu triomphalement dans l'espace, toi qui n'es qu'un des plus infimes grains de sable de l'infini, puisque tu dois t'y briser un jour ? Matière, fille du néant, pourquoi feins-tu de t'animer ? Muette nature, nous diras-tu un jour ton secret et ce qu'il faut penser de cette chimère, de cet accident de la vie ? Si Dieu vous a créés pour l'homme, en effet, cieux et terre, comment expliquer votre implacable sérénité devant les misères de votre maître ? »

Jusqu'où peut aller le dédain de l'homme pour l'immensité ? jusqu'où sa démence ? Dieu seul le sait. Mais qu'importent nos cris à son éternité? La feuille qui tombe de l'arbre sous le souffle des vents, la fleur que brise l'orage, le fruit qui se détache de sa tige, ne maudissent pas leur destinée. Pourquoi, moins stoïques, nous plaignons-nous?

« Nous devons approcher, me dit Frédérique. Quand on va par le bas, en passant devant la fonderie d'argent, Arzbach apparaît sur une montée, et semble régner sur le pays, mais il n'est que le plus haut point d'une petite vallée inférieure. Nous allons tout à l'heure descendre presque à pic sur le village. Nous ne découvrirons l'église et le cimetière que quand nous serons pour ainsi dire dessus. Nous apercevrons tout de suite alors, derrière les murs du presbytère, qui sont bas, la voiture de mon cousin, si le petit Paul et sa mère ne sont pas encore partis.

« En suivant les haies qui bordent la route de descente, nous ne serons pas aperçus; nous tournerons le cimetière, nous entrerons par la porte opposée à la tombe, et, une fois là, nous pourrons voir sans être vus et porter du secours, s'il le faut, à la pauvre affligée. La tombe du capitaine est derrière une chaire en plein vent que mon oncle, le précédent curé d'Arzbach, avait eu l'idée d'élever il y a longtemps au milieu du cimetière ; elle se compose d'un tertre de terre assez haut qui s'appuie au tronc d'un gros arbre; la tête de l'arbre a été taillée en dôme, ses branches ont été dirigées en forme de balustrade et de rampe; tout cela est bien arrangé, on dirait un grand nid avec un escalier. C'est tout feuillage; mon oncle trouvait cela joli et commode pour prêcher en été; on l'écoutait mieux, assis au pied des arbres.

« Placé derrière cette chaire, qui est là comme un gros bouquet, on pourrait entendre tout ce qui se dirait dans le cimetière, une plainte, un soupir même.

« Tiens, dit-elle en s'arrêtant tout court, on dirait qu'on chante sous nos pieds... Qui est-ce qui peut donc chanter si bien par ici? »

Je m'arrêtai pour écouter, comme Frédérique... Un chant, un chant admirable, en effet, montait de la vallée. C'était une splendide et puissante voix de soprano, d'un éclat et d'une suavité incomparables. Les sons et les paroles arrivaient jusqu'à nous, clairs, sonores, limpides et pleins, comme si nous eussions été à deux pas de l'artiste, évidemment de premier ordre, qui chantait.

Je reconnus, dans les paroles, des vers tirés des *Feuilles d'automne*; mais je n'avais jamais entendu la musique que la voix y avait adaptée. — C'était tout à la fois pieux comme un cantique et large comme un hymne.

> Mets ton esprit hors de ce monde,
> Mets ton rêve ailleurs qu'ici-bas.
> Ta perle n'est pas dans notre onde ;
> Ton sentier n'est point sous nos pas.

Quand la voix se tut, mon cœur battait avec tant de violence dans ma poitrine, que j'en entendais distinctement les battements.

« C'est elle, dis-je à Frédérique, je suis sûr que c'est elle ; prenons garde. Je ne veux pas être vu.

— Elle ! me dit Frédérique, je le voudrais bien ; mais, outre que je ne l'ai jamais entendue chanter, ni même parler de musique, comment se ferait-elle entendre ainsi, quand toujours sa voix est si faible qu'il faut s'approcher d'elle pour la comprendre ? »

Je ne répondis pas, l'émotion qui me dominait m'en eût empêché ; mais, bien que les paroles de Frédérique fussent propres à détruire mon illusion, il m'en coûtait d'y renoncer.

Nous continuâmes à descendre aussi vite que nous le pûmes, et en faisant le moins de bruit possible.

Bientôt la route fit un brusque détour ; Arzbach était littéralement sous nos pieds. Le village avait été bâti à quelques centaines de pas au-dessous de l'église et du petit cimetière, qui nous apparut dans la vapeur comme une charmante solitude. Il était si évident que le repos, le vrai repos, devait se trouver dans ce lieu calme et doux, que je compris la préférence que lui avait donnée le capitaine et le désir qu'il avait montré d'y être enterré.

Une éclaircie dans la haie nous découvrit bientôt une seconde fois la petite église. Nous en étions déjà très-rapprochés.

Mes yeux avides cherchaient la mère du petit Paul au milieu des tombes, des croix et des cyprès qui animaient à leur façon ce jardin de la mort, quand la voix qui nous avait déjà ravis se fit de nouveau entendre, plus timbrée, plus ferme encore que la première fois.

Il était impossible de s'y tromper. C'était bien du cimetière que partait ce chant merveilleux.

« C'est sans doute quelque célèbre cantatrice à qui la vue du pays et la beauté du temps donnent envie de chanter, » me dit tout bas Frédérique.

Je lui fis, de la main, signe de se taire. Jamais accents humains ne m'avaient si profondément, si surnaturellement remué.

La voix inspirée jetait aux vents cette autre strophe du grand poëte :

> Qu'on pense ou qu'on aime,
> Sans cesse agité,
> Vers un but suprême
> Tout vole emporté.

« Vous aviez raison, s'écria Frédérique toute tremblante, vous aviez raison. Voyez, voyez là-bas, sur cette tombe, à droite de la chaire... Ah! j'ai peur comme en face d'un miracle! »

Mon cœur ne m'avait pas trompé.

Debout auprès de la tombe de son époux, les bras croisés, les yeux levés au ciel, pâle comme l'ange de la mort, immobile comme une statue de la douleur, tel m'apparut, pour la seconde fois, l'être vers lequel je m'étais senti si soudainement, si irrésistiblement entraîné.

Le chant avait cessé, et cependant nous écoutions encore. Jamais silence ne m'avait paru plus solennel. Tout se taisait sur la montagne et dans la vallée. Il semblait que la nature elle-même partageât notre inquiète attente, et voulût laisser l'espace à ces accents.

La voix reprit enfin. Cette fois, c'était moins un chant qu'une sorte de récitatif, grave et lent, d'une majesté singulière. La beauté suprême des paroles, empruntées à un autre livre du même poëte et qu'on eût dit faites pour la situation, rehaussait cette étrange et splendide psalmodie. L'effet que produisait sur nous cette mélopée, d'un caractère à la fois grandiose et lugubre, était tel, que nous demeurions, Frédérique et moi, comme cloués à notre place. Il nous eût été impossible de faire un pas, que dis-je? un geste, tant qu'elle se fit entendre.

> Maintenant, ô mon Dieu! que j'ai ce calme sombre
> De pouvoir désormais
> Voir de mes yeux la pierre où je sais que dans l'ombre
> Il repose à jamais,
>
> Je viens à vous, Seigneur, Père auquel il faut croire;
> Je vous porte apaisé
> Les morceaux de ce cœur tout plein de votre gloire,
> Que vous avez brisé.
>
> Je ne résiste plus à tout ce qui m'arrive
> Par votre volonté;
> L'âme, de deuil en deuil, l'homme, de rive en rive,
> Roule à l'éternité.

A mesure que l'hymne funèbre se déroulait dans les airs, la puissance du chant augmentait, et avec sa puissance notre angoisse. Il n'était pas possible que ce développement surnaturel d'un organe humain et, par conséquent, borné, n'amenât pas une crise terrible. C'était sublime et lamentable tout ensemble. Notre stupeur égalait notre involontaire ravissement.

Le chant s'acheva en notes d'une suavité déchirante, on eût dit de mélodieux gémissements. Un cri qui retentira toujours à mon oreille, cri de délivrance ou de désespoir, de joie suprême ou d'ineffable souffrance, qui pourrait le dire? le termina. Ce cri arrêta mon sang dans mes veines et glaça jusqu'à la moelle de mes os; je ne saurais dire au juste ce qui se passa alors. Je me rappelle confusément que je vis apparaître autour de la tombe un prêtre d'abord, puis des femmes, puis de pauvres paysans accourant curieux ou empressés.

Nous aussi, nous étions arrivés prompts comme la pensée, — hélas! hélas! et trop tard encore...

« Elle est morte! disait le curé.

— Elle est morte! disait le médecin du village.

— Mes frères, prions pour celle dont le malheur vient de finir, » dit le prêtre en s'agenouillant sur la terre.

Tout le monde fit comme lui.

XXII

La mort.

Dieu sait que mon âme n'avait jamais attendu de joie du sentiment qui l'avait envahie ; mais, si préparé qu'on soit à la douleur, il est des épreuves qui dépassent la mesure et soulèvent en quelque sorte justement la créature contre son Créateur. La résignation est le pardon accordé par l'homme frappé sans merci, au juge dont il ne saurait comprendre la rigueur. La résignation ne saurait être l'œuvre d'un jour. Mon cœur était donc plus plein d'amertume que de soumission. J'essayai de prier. Mais la révolte était dans mon âme et non la prière.

Je devais être désarmé bientôt pourtant.

Ce ne fut pas sans une sorte de volupté amère

que je m'approchai de celle que, vivante, je m'étais promis de fuir à jamais et que j'osai contempler ce qui restait de mon rêve.

Cette vue, prodige étrange, calma soudain l'irritation que j'avais eu tant de peine à contenir. A demi couchée sur la pierre qui recouvrait celui qu'elle avait tant aimé, elle semblait attendre avec confiance qu'il lui rouvrît ses bras. On eût dit la douce muse du regret fidèle, recueillant enfin le prix de son dernier soupir. Quand la mort ne marque pas d'un sceau terrible le visage de ceux sur qui s'étend sa main glacée, elle l'illumine d'un rayon vraiment divin. Je n'oublierai jamais les lignes pures, le front puissant et serein de cette belle et noble tête. Le corps frêle et charmant, soutenu et non porté par Frédérique, dont le courage ne se démentait pas, avait encore toutes les grâces et toute la docilité de la vie. Ses yeux, ses grands yeux limpides et profonds comme l'azur, n'étaient point encore fermés; ils avaient conservé entière la lumière de leur dernier regard, ce vague et pénétrant regard qui doit voir enfin de l'autre côté de la vie.

Des larmes coulèrent de mes yeux.

On s'était écarté, on me laissait faire. Chacun vit bien qu'étant le plus malheureux je ne faisais qu'user de mon droit.

Je fermai d'une main pieuse les yeux de cette sainte, de cette martyre de son cœur trop constant. Aidé de Frédérique, j'étendis doucement son corps souple et tiède encore sur la dalle qui recouvrait son mari. Ah! il dut en tressaillir dans son tombeau.

Alors, alors seulement la mort commença.

Ces paupières closes à jamais, l'ombre des longs cils qui pour toujours se projetaient sur ses joues pâles, tout cela nous disait à tous que le feu qui avait animé cette beauté était éteint à jamais et qu'il ne nous restait plus là que l'enveloppe d'une âme.

Le prêtre récita les prières des morts.

L'assistance, qui devenait à chaque instant plus nombreuse, répétait après lui les versets sacrés; puis le corps, porté par Frédérique et par moi, fut déposé dans la nef de la petite église.

J'entendis qu'on disait autour de moi que j'étais le frère du capitaine et, par conséquent, celui de la défunte. On avait raison.

La foule s'écoula lentement. Nous restâmes seuls, enfin, le bon prêtre, Frédérique et moi, dans le cimetière.

9.

XXIII

L'orphelin. — Frédérique. — Ce que le curé d'Arzbach m'apprit
du père et de la mère du petit Paul.

« Paul? où est le petit Paul? me dit tout bas Frédérique. Je l'ai cherché des yeux partout, tant je craignais de le voir arriver. Maintenant, dit-elle en fondant en larmes, il faut penser à l'orphelin!

— Je puis lui rendre son père, ma chère Frédérique, et je le lui rendrai. Ceux qui ne sont plus lisent dans les cœurs des vivants, et je suis sûr que, de là-haut, le père et la mère du petit Paul bénissent ma résolution. »

Frédérique me serra la main.

« Je vous suivrai, dit-elle ; je vous suivrai partout. Il faut une mère, il faut une servante à un petit enfant. Mon cousin m'approuvera.

— Merci, lui dis-je à mon tour. Merci, ma chère Frédérique, j'accepte votre sacrifice. »

Satisfaite sur ce point, Frédérique s'inquiéta de ne point entendre le petit Paul.

« Quelqu'un l'aura pris, dit-elle, pour lui ôter la vue de son malheur.

— Rassurez-vous, nous dit le pasteur, qui avait entendu nos discours. Je sais où est votre enfant. »

Frédérique et moi remerciâmes du cœur le bon prêtre d'avoir été le premier après Dieu à nous donner l'orphelin. Nous le suivîmes. Il nous conduisit à la chaire. Le petit Paul s'y était blotti, et endormi! Las de jouer au soleil, il avait cherché l'ombre et trouvé le repos dans la cachette qui lui était habituelle.

« Ce grand nid lui avait toujours plu, » nous dit le curé.

A côté de lui, assis sur les marches de terre qui conduisaient au haut de la chaire, était le cousin de Frédérique, qui, d'accord avec le curé, était venu protéger le sommeil de l'enfant et s'était tenu là, éloignant le bruit et le moment du réveil autant qu'il avait pu.

Frédérique récompensa son fiancé d'un regard

attendri. La tête blonde du petit Paul reposait sur les genoux de l'excellent homme. Son sommeil était calme et profond. C'était, d'ailleurs, l'heure de son repos du milieu du jour. Dieu avait épargné à la mère ainsi qu'à l'enfant les étreintes du dernier adieu; la mort, clémente dans sa barbarie même, les avait séparés sans les avertir.

Un entretien que j'eus le lendemain avec le curé m'apprit que le capitaine lui avait confié qu'il était sans fortune. Exilé à la suite d'un complot dans lequel il s'était trouvé impliqué, ses biens avaient été confisqués. Malade depuis longtemps, il avait peu à peu épuisé toutes ses ressources. Il s'était en outre trouvé, par son mariage, brouillé avec sa famille. Son père, après s'être remarié avec une femme qui le dominait, était mort en le déshéritant. Quant à sa femme, elle était sans fortune personnelle.

« Il paraît, me dit le bon curé, que la femme du capitaine avait été la plus extraordinaire cantatrice de son temps. Le capitaine, qui était lui-même un fort bon musicien, s'était épris d'elle en écoutant ses chants merveilleux, et, comme c'était de tous points une personne irréprochable et accomplie, il l'avait épousée. Il m'a raconté que son mariage avait fait autant de bruit dans le monde des artistes que dans celui de la noblesse. Des deux côtés, on jugeait qu'il y avait eu mésalliance. La célèbre chanteuse Laura W... disparut tout à coup de la scène, le capitaine de son côté donna sa démission. Les journaux firent alors, de ces faits, des récits singuliers; le capitaine eut grand' peine à empêcher qu'ils ne vinssent sous les yeux de sa femme, qu'ils auraient chagrinée; il demanda un passe-port pour échapper à ce bruit qui offensait son amour. Mais, au lieu d'un passe-port, il reçut un ordre d'exil pour la Sibérie et n'eut que le temps de fuir avec sa femme le sort qu'on lui réservait.

« Le capitaine était fort en peine de l'avenir de son petit Paul. Dans les derniers temps, il ne pouvait le regarder sans que des larmes qui faisaient mal à voir sur ce mâle visage vinssent mouiller ses paupières. Il se sentait mourir et pressentait aussi que sa femme ne lui survivrait pas. J'avoue que, bien que la tendresse qui unissait ces deux époux fût extrême, je ne partageais ni ses craintes ni ses illusions sur la toute-puissance des affections terrestres. Mais j'essayais en vain de le rassurer sur ce point. Je l'y trouvais inébranlable. Le jour qui fut celui de sa mort, il me fit appeler à Ems. « C'est à vous, monsieur le curé, me dit-il, c'est à Dieu que je confie ma femme et mon enfant ; la mort est redoutable quand on laisse derrière soi une tâche inachevée. Je veux compter sur la Providence ; mais ses desseins sont bien noirs en ce qui concerne le sort de ces deux infortunés. Ma dernière pensée sera amère, quoi que je fasse. Dieu me le pardonnera, lui qui sait que je sourirais à la mort, si, en me frappant, elle ne frappait pas du même coup cet ange et cet enfant. »

« J'acceptai la tutelle qu'il m'offrit. Dans notre ministère, ajouta le bon pasteur avec une onction dont je ne pus m'empêcher d'admirer la touchante candeur, dans notre ministère, on ne connaît que l'espérance. Je fis de mon mieux pour communiquer ma confiance en Dieu au père et à l'époux mourant. Il me remercia de mes efforts. Un doux et triste sourire passa sur ses lèvres. Il jeta un dernier regard, quel triste regard, monsieur ! un regard plein d'une inexprimable tendresse et d'une suprême désolation, à sa femme et à son enfant, et il mourut.

« Mon espoir que Dieu m'aiderait à remplir ma mission ne m'a point trompé, puisqu'il a mis l'orphelin dans votre voie. Pourtant je vous demanderai, avant d'approuver vos vues et de donner les mains à l'adoption que vous projetez, je vous demanderai de vouloir bien réfléchir encore. La tâche que vous allez prendre n'est point l'œuvre d'un jour. C'est un enfant que je vais vous confier. C'est un homme que vous devrez me rendre. Et, moi-même, ne dois-je pas réfléchir aussi, en si grave matière, et, pardonnez-le-moi, m'informer un peu tout d'abord? Ne me reste-t-il pas à savoir si vos forces égalent votre courage? »

Je mis bientôt le digne prêtre à même de tranquilliser sa conscience. Au bout de peu de jours, nous fûmes d'accord sur tous les points. Une tombe modeste réunissait les deux époux. Je quittai Ems à regret, mais je voulus arracher, pour quelque temps au moins, le pauvre Paul à la vue des lieux qui lui rappelaient l'irréparable perte qu'il venait de faire.

XXIV

Comment le docteur X*** devint grand-père.

Le bon docteur X***, mon second père, appelé par moi dès le premier moment, était venu me rejoindre. Il avait pu constater que la mort de la mère de mon petit Paul avait eu pour cause la rupture, rupture inévitable, d'un anévrisme.

Quand il eut vu le petit Paul, quand il eut entendu le cher enfant me demander sa mère, mais en m'appelant son père qu'il croyait enfin revenu, quand il vit ses grâces charmantes, la pitié entra dans son cœur. Il n'eut point le courage de me blâmer de faire pour un autre ce qu'il avait fait pour moi-même, et me fit l'honneur de penser que je pourrais suffire à une tâche qui devait demander ma vie tout entière.

« J'aurais fait comme vous, me dit-il, mon cher fils ; allons, me voici grand-père ! »

Prenant alors l'enfant sur ses genoux et pressant doucement sa jolie tête sur son cœur :

« Si monsieur Paul se conduit bien, dit-il encore, s'il est intelligent, s'il aime bien son vieux grand-père, je ferai de lui un grand médecin, et, qui plus est, mon héritier. »

Je remerciai et j'embrassai avec effusion mon bon ami, on le pense bien, et je fus effrayé de me sentir presque heureux. Le cœur est un abîme ; oui, sans doute, mais c'est un abîme que la moindre lueur suffit à éclairer.

« Je le savais bien, que tu étais mon papa, me dit, un matin, le petit Paul ; mais, ajouta-t-il plus bas, ne voulant pas blesser le bon docteur sans doute, mais je crois que j'avais oublié grand-père. »

Si Paul eut à pleurer sa mère, et il la pleura, le pauvre enfant, comme pleurent les enfants, c'est-à-dire avec des sanglots subits et désespérés qui suspendaient parfois, mais qui, grâce à Dieu, n'arrêtaient cependant pas tout à fait ses jeux, il crut, du moins, qu'il n'avait qu'elle à pleurer. Jusqu'à présent, je n'ai point eu le courage de détruire une erreur qui nous est si douce à tous les deux. Je suis son père, il est mon fils bien-aimé. Cette paternité où le cœur est pour tout et le devoir pour rien, n'est-elle pas plus pure encore que l'autre?

Frédérique épousa son cousin. Je les attachai l'un et l'autre à mon service. Je dis à mon service, mais le mot n'est pas juste. Ce sont deux amis dévoués que j'ai en eux, et non des serviteurs. Frédérique fut exquise de soins et d'attentions maternelles pour le petit Paul, qui, du reste, avait pour elle une affection presque passionnée. Je n'en étais point jaloux, bien qu'elle fût égale à celle qu'il avait pour moi.

XXV

Le petit Paul.

Nous voyageâmes pendant quelques années. Paul grandit et se fortifia promptement. Il est encore, à l'heure où j'écris, un enfant, sans doute, mais on sent déjà qu'il deviendra un homme distingué. Le pronostic du bon docteur sera justifié.

Il a quelques-uns des traits nobles et doux de sa mère, et, en dehors de ses jeux, je retrouve souvent dans les yeux du fils ce regard qui m'avait tant ému dans l'allée de Lichtenthal, et que les anges prêtent quelquefois aux femmes et aux enfants. Il me paye au centuple, par le bonheur que je lui donne, ce que l'on appelle, bien à tort, mon sacrifice. Ce n'est point en soi-même qu'il faut placer sa joie. Grâce à lui, grâce à sa mère, j'ai connu enfin l'amour dans ce qu'il a de meilleur et de plus élevé, c'est-à-dire dans tout son désintéressement.

Tous les ans, nous passons une partie de la saison à Baden et à Ems. Je ne veux pas que le souvenir se perde pour lui des lieux où s'est passée son enfance. Le bon curé d'Arzbach n'a point quitté sa petite église. Nos courses sont fréquentes au presbytère et au cimetière.

Pendant longtemps, Paul a espéré que sa mère reviendrait.

« Tu es bien revenu, toi ! » me disait-il quelquefois.

Mais, depuis quelques mois, l'idée de l'éternité de la mort semble avoir pénétré dans sa jeune âme.

La dernière fois qu'il s'est agenouillé sur la tombe de sa mère et de son père, il a paru frappé d'y voir deux noms. Son regard noyé de larmes s'est tourné vers moi. Il s'est tu cependant. Son cœur lui a-t-il dit tout ce que je souffrais ?

Un jour viendra, hélas ! où je devrai aller au-devant de ses questions. Ce jour-là, je n'aurai pas la force de parler ! Il lira ceci.

Ce n'est pas pour lui, sans doute, que j'ai écrit ce journal, que j'ai rassemblé ces notes, où j'ai tout laissé, même l'inutile. Mais qu'importe ? La minutie de ce récit sera garante à ses yeux de son exactitude, et il sera bon peut-être un jour que l'enfant, devenu homme, n'ignore rien des circonstances qui m'ont conduit sur son chemin.

Il restera du moins pour lui, de cette lecture, que tout peut être grave en cette vie, même ce qui d'abord s'y présente avec les apparences de la frivolité.

XXVI

Juste retour vers un personnage oublié. — Avis aux touristes du Rhin. Le lai de Roland. — Comment il faut aller de Cologne au Drachenfels. — Éloge des montagnes. — Fin de l'histoire de l'homme enrhumé.

Il a dû t'arriver plus d'une fois, ami lecteur, après avoir tourné le dernier feuillet d'un livre, d'éprouver une sorte de dépit contre l'auteur, qui, après être parvenu, dans le cours de son œuvre, à éveiller ton attention sur un point ou sur un personnage épisodique de cette œuvre, avait omis, à la fin, de conclure soit sur ce point, soit sur ce personnage.

C'est pour t'épargner cet agacement, que j'ai éprouvé maintes fois pour mon compte, que j'ajouterai quelque chose à ce qui précède, et que je placerai ici, sous forme de dernier chapitre, le récit d'une rencontre que j'ai faite dans une de mes courses de l'an passé. Ce récit nous ramènera l'un et l'autre, à travers un courant d'idées moins sombres, vers un personnage qui a brillé dans la première moitié de cette histoire, et qui, à mon avis, mérite de toi comme de moi mieux que l'oubli où nous allions le laisser.

Tout le monde a remarqué, dans le parcours du Rhin, l'admirable point de ce trajet où s'échelonne le vaste amphithéâtre des Sept-Montagnes. Tout le monde a vu, d'un côté, le Rolandseck, tendrement incliné sur la charmante île de Nonnenwerth; de l'autre, le Drachenfels, fièrement perché sur son rocher et protégeant de son ombre la petite ville de Kœnigswinter. Mais tout le monde n'a pas fait l'ascension du Drachenfels. C'est grand dommage, en vérité! Les gens qui n'ont vu les bords du Rhin que le nez au vent et les mains dans leur poche, en fumant leur cigare sur le pont des bateaux, ne connaissent d'eux que leurs moindres beautés. C'est à pied, c'est de près qu'il faut voir cette romantique contrée.

Je sais bien que, quand de Paris on arrive à Cologne exprès pour voir le Rhin, le Rhin qui a tenu dans notre verre, on a soif du Rhin; et j'excuse qu'après avoir admiré la plus interminable des cathédrales, puis dîné à une heure à l'hôtel de Hollande, on ait hâte de gagner l'embarcadère et de juger par soi-même si véritablement, à Cologne comme à Paris, les bateaux vont sur l'eau. Cet empressement est explicable de la part des bourgeois de Paris, les plus ingénus, les plus effarés, le plus provinciaux des touristes. Lorsqu'on n'a vu le monde que de la Bastille à la Madeleine par le carreau d'un omnibus, et que, pour tout exploit, on s'est décidé quelquefois à monter sur l'impériale de ces paisibles voitures, on a certes le droit d'être un voyageur novice, mais on a le devoir aussi d'écouter docilement, à l'occasion, un bon avis.

Que mes compatriotes me permettent donc de le leur dire : le trop grand empressement naval qu'ils mettent à quitter terre dès qu'ils ont touché Cologne est une faute.

Les bords du Rhin ne commencent à être intéressants qu'au delà de Bonn, c'est-à-dire en regard même des Sept-Montagnes. Au lieu donc de perdre cinq heures pour faire par eau le fastidieux trajet de Cologne à Bonn, ils reprendront à Cologne, s'ils veulent m'en croire, la voie de fer, et en une heure celle-ci les conduira au pied du Rolandseck, au cœur des Sept-Montagnes.

Il ne reste plus du manoir de l'amoureux Roland qu'une ogive qu'on dirait l'œil d'un géant mélancolique et borgne, incessamment ouvert sur la contrée. Au lieu de grimper sur le rocher, d'où la vue est médiocre, si on la compare à celle qui les attend au Drachenfels, ils salueront d'un regard attendri le gros bâtiment carré qui s'élève au milieu de l'île de Nonnenwerth, et fait face au hameau de Rolandseck.

Ce gros bâtiment a mérité de devenir célèbre. Il fut le couvent de Frauenwerth où mourut une femme fidèle.

Les poëtes, que les légendes sentimentales ont toujours ému, se sont transmis d'âge en âge la dramatique et pourtant naïve histoire du neveu de Charlemagne et de sa belle amie.

Ceux de mes lecteurs dont je me fais le guide en ce moment me sauront gré de les arrêter un instant entre l'île et le rocher pour leur dire ce beau conte d'un autre âge.

Un maître au doux langage l'a raconté, expressément pour eux, j'imagine, — puisqu'ils auront la primeur de son récit, — dans ces vers charmants :

LE LAI DE ROLAND

A mon ami J. H...

L'empereur des Francs, le roi Charlemagne
A mandé vers lui tous ses grands barons,
Pour faire la guerre aux Maures d'Espagne,
Qui sont mécréants, païens et larrons.

*

Le comte Roland prend sa cotte d'armes,
Et sa Durandal et son Olifant ;
Près du paladin, Galesinde en larmes
Retient ses sanglots qui vont l'étouffant.

*

« Adieu ; je m'en vais combattre en Espagne ;
« L'empereur vers lui mande ses barons ;
« Garde-moi ta foi pendant la campagne,
« Quand je reviendrai, nous nous marierons. »

*

Sur la haute tour Galesinde monte ;
Mais son fiancé ne vient pas encor.
Elle voit de loin un page du comte.
« Madame, dit-il, votre sire est mort.

*

« Est mort combattant les Maures d'Espagne,
« Qui sont mécréants, païens et larrons ;

« L'empereur des Francs, le roi Charlemagne
« A perdu là-bas ses meilleurs barons. »

*

Galesinde, pâle autant qu'une morte,
Sans répondre un mot resta sur le seuil,
Et le lendemain on ferma la porte
Du couvent prochain sur l'amante en deuil.

*

Or, dans Roncevaux, la gorge maudite,
Où par trahison sont morts tant de preux,
Après la bataille un pieux ermite
Aperçut Roland qui rouvrait les yeux.

*

Il avait au poing un tronçon d'épée ;
On voyait, fendue au-dessus de lui,
La roche en granit qu'il avait coupée
Et par où les bœufs passent aujourd'hui.

*

Roland, bien pansé, revint à la vie ;
Il rentra chez lui plus prompt que le vent.
Mais à son retour il sut que sa mie
Avait pris le deuil au prochain couvent.

*

Lors, sur le sommet d'un roc solitaire
Le comte Roland bâtit une tour,

D'où ses yeux plongeaient dans le monastère,
Qu'il regardait tant que durait le jour.

*

Une fois il vit dans le cimetière
Une tombe neuve, un nouveau cyprès ;
Il comprit pourquoi ; la nuit tout entière
Il pleura sa mie, et mourut après.

F. Ponsard.

Quoi de plus touchant, je vous prie, que ces chastes souvenirs s'éternisant sous la plume des poëtes et planant d'âge en âge, grâce à eux, sur le lieu même qui les a vus naître ?

Après avoir essuyé leurs yeux, que les malheurs du paladin et de Galesinde auront mouillés, mes lecteurs, — je les ai supposés à la fois sensibles et pressés, — traverseront le fleuve en face de Kœnigswinter. C'est une navigation de cinq minutes, les barquettes du Rhin ont la rapidité des flèches.

Leur débarquement opéré, ils résisteront courageusement à la mine engageante des hôtels de Kœnigswinter, qui se mirent, à la lettre, dans les eaux du Rhin ; ils prendront sans plus de retard un guide pour la montagne, et, après une ascension de trois quarts d'heure, qu'ils pourront faire à leur gré à pied, à cheval ou à âne, ascension pleine de ravissements et de surprises, ils atteindront la cime même du Drachenfels, c'est-à-dire le point culminant de la contrée. Quelle gloire! et aussi quel plaisir!

Bien que ce ne soit pas l'envie qui m'en manque, je ne décrirai pas ce qu'on voit du haut du Drachenfels; je me bornerai à déclarer que c'est tout bonnement ce qu'on peut contempler de plus véritablement beau sur tout le parcours du Rhin.

Les montagnes ont ceci de bon et de flatteur pour celui qui les gravit, qu'elles l'élèvent en rapetissant le reste de l'univers. Il n'est pas de bourgeois huché sur un rocher qui ne se sente avec quelque fierté un détachement inaccoutumé des choses d'ici-bas et ne se laisse aller à regarder avec une sorte de mépris stoïque les royaumes de ce monde croupissant à ses pieds. La terre n'est plus pour lui qu'une mappemonde, les États que des cartes couchées dans la poussière; c'est pour ses yeux toute une révélation cosmographique, et, s'il en avait le temps, il deviendrait philosophe.

Que si cependant ces considérations d'un ordre supérieur ne suffisaient pas à faire goûter mon conseil, j'y ajouterais, comme détail d'un intérêt décisif, que le voyageur essoufflé et affamé, pour qui un beau site ne perd pas à être contemplé devant un déjeuner confortable, trouvera ce déjeuner dans le vieux nid d'aigle dont je le pousse à faire la découverte.

Au pied de la tour délabrée, sur le roc vif, dans une situation qui, à l'avantage de paraître périlleuse, joint celui d'être très-sûre en réalité, s'élève, entourée de jardins et de terrasses, une charmante et paisible hôtellerie où tout le monde a dû faire le doux rêve de passer quelques semaines.

J'ai parcouru, à l'heure qu'il est, une trentaine de fois peut-être le trajet qui sépare Cologne de Mayence; je n'ai jamais passé à côté du Drachenfels sans y faire le déjeuner dont je parle, que quand je n'ai pu faire autrement.

XXVII

Rencontre sur le Drachenfels. — Dénoûment providentiel
de l'histoire de l'homme enrhumé.

Je n'ai pas besoin de te dire, sans doute, ami lecteur, que c'est sur ce point d'élection que je fis la rencontre qui m'a permis de donner un complément à ce qui, dans mon récit, précède la triste histoire de mon petit Paul.

Quelle que soit ma passion pour les digressions saugrenues, je n'aurais certes pas promené jusque-là ta fatigue, si ce n'eût été le but extrême de notre course.

Le docteur X***, le petit Paul, Frédérique et moi avions une passion égale pour le Drachenfels. L'excellent vin rouge d'Asmannshausen, le bourgogne allemand, les œufs frais, le fin jambon de

Mayence, le café très-passable, le kirsch exquis, la bière excellente, le maitrank glacé étaient-ils pour autant que le calme extraordinaire et la beauté du lieu dans cette prédilection que montrait mon cher clan pour les excursions dont le but était un déjeuner au Drachenfels? Je ne veux point l'analyser. Toujours est-il que, l'an passé, nous fûmes des hôtes assidus de l'hôtellerie de ce magique perchoir.

Un jour, un des plus beaux de la saison, nous étions tous attablés à notre place favorite, sur la petite terrasse qui a été ménagée à l'extrémité du roc derrière la maison. Nous fêtions le soleil, la lumière, la santé, l'air pur, la grandeur du ciel; hélas! nous fêtions la vie, oublieux pour un instant de ses soucis et de ses maux! Le petit Paul, notamment, nageait dans la joie, la splendeur de la journée l'enivrait; il se levait à chaque instant pour venir embrasser soit son grand-père, le bon docteur; soit Frédérique, sa favorite; soit moi, son préféré au fond, j'ose le dire; chacun des regards de ses grands yeux était une caresse pour l'un de nous. Il babillait, il riait, il buvait, il mangeait; c'était un oiseau voltigeant autour de notre table. Nous le trouvions charmant à l'envi. Un certain verre de maitrank infusé convenablement de l'herbe fraîche et menue qui donne à ce bon breuvage allemand son nom et son arome, verre que le savant docteur avait mélangé prudemment d'un peu trop d'eau, allait mettre le comble à la satisfaction de notre enfant gâté, quand Frédérique me fit remarquer que deux personnes, qui déjeunaient à une table voisine, semblaient fort préoccupées de notre vue. C'était un monsieur et une dame. Le regard du monsieur ne me quittait pas. Fixé sur moi comme une question, il semblait me dire : « Je vous ai vu quelquefois ; mais où vous ai-je vu ? »

Je ne connaissais pas la dame ; c'était une personne un peu forte, aux traits réguliers et assez fins dans le détail, quoiqu'ils fussent peut-être un peu accentués dans l'ensemble. Elle pouvait bien avoir quarante ans et avait dû être ce qu'on appelle dans la bourgeoisie une très-belle brune. Quant au monsieur, bien que sa figure distinguée et cependant bizarre ne me fût pas inconnue, je faisais de vains efforts pour me rappeler dans quelles circonstances elle m'était déjà apparue. Le souvenir vague qu'elle éveillait en moi n'avait rien de triste toutefois, et j'aurais volontiers souri à celui qui la portait, si j'eusse été assuré de ne point tomber dans quelque ridicule quiproquo.

J'allais renoncer à cet inutile examen et oublier cet incident, quand je vis surgir tout à coup devant moi le monsieur même dont la vue m'avait intrigué.

« Pardon, me dit-il, si je vous dérange, monsieur, mais je ne puis résister au désir de savoir si, en croyant vous reconnaître, je ne me trompe pas. Ne voyagiez-vous pas, dans l'été de 18.., à la date du 14 juillet, sur le *Schiller*, un assez beau bateau de la Société des bateaux à vapeur qui vont de Mayence à Coblence?

— Ma foi, lui dis-je, mon cher monsieur, j'ai voyagé souvent sur le Rhin, mais toujours avec peu de méthode, et je n'ai pas dans l'esprit la date des courses que j'ai pu faire de Mayence à Coblence.

— Attendez, me dit mon interlocuteur, vos souvenirs vont renaître, je l'espère. Vous rappelez-vous un certain brouillard, une certaine traversée, et un certain monsieur auquel vous aviez le projet de sauver la vie, et dont vous eûtes, dévouement plus rare, l'obligeance d'écouter sans trop d'impatience la déplorable histoire?

— Eh quoi! m'écriai-je étourdiment, vous seriez, vous êtes l'homme enrhumé dont les plaisants malheurs étaient parvenus à m'attendrir?

— Précisément, me dit en souriant mon interlocuteur, et c'est cet intérêt que vous avez bien voulu me montrer, un jour, qui a gravé dans mon cœur le souvenir de notre rencontre, et m'a fait désirer plus d'une fois qu'elle ne fût pas la dernière

« J'étais, je suis encore l'homme enrhumé ; mais, aujourd'hui, j'en ai pris mon parti. Vous m'avez vu triste, il y a quelques années ; je suis heureux à présent : c'est ce qui vous a dérouté pour me reconnaître. Vous ne pouviez pas supposer, après ce que je vous ai raconté, que vous pussiez jamais me rencontrer avec une dame, avec une dame encore jeune et belle, ajouta-t-il en jetant un regard de naïf orgueil sur sa compagne. C'est bien moi, pourtant, l'homme désespéré et abandonné d'autrefois, que vous revoyez, et en brillante compagnie, en bonne fortune encore !

— Je vous en félicite, lui dis-je, prenant le parti de rire de la rencontre. Vous avez bien fait, après tout, d'oublier votre femme...

— Chut ! me fit-il, parlez plus bas ! les femmes entendent avec les yeux quand elles ne peuvent pas entendre avec les oreilles, et la mienne en a deux qui en valent quatre, je vous assure.

— Votre femme ! seriez-vous remarié, ou bien

la belle personne qui nous regarde serait-elle, en effet, celle qui, ne pouvant supporter votre infirmité, vous avait abandonné en vous laissant pour adieu une lettre que je n'ai eu garde d'oublier?

— Précisément.

— Recevez mes compliments de cette heureuse réunion ; votre femme aura réfléchi sans doute, et son bon cœur...

— Son bon cœur, me répondit, tout en hochant doucement la tête, l'homme enrhumé, oui, sans doute, son bon cœur est pour beaucoup dans ce retour qui m'a rendu le bonheur ; mais Dieu, je dois le reconnaître, y est pour plus encore. Vous m'aviez promis de sa part un miracle. Ce miracle, il l'a fait.

— Vraiment! lui dis-je.

— Oui, certes, et bien fait, et voici comme. J'étais donc enrhumé du cerveau...

— C'est convenu, lui dis-je en essayant de déguiser un peu d'impatience, et vous parliez du nez, et, de ce côté, rien n'est changé. Après?

— Après, répliqua-t-il avec un flegme qui me désarma, après, ma femme, vous vous en souvenez, ne pouvait supporter de m'entendre...

— Eh bien? dis-je.

— Eh bien, reprit-il de cette bonne voix candide

et sincère qui autrefois m'avait été au cœur, eh bien, reprit-il, elle ne m'entend plus. Dieu a eu pitié de moi, ma femme est sourde, et ainsi tout est arrangé. »

Et, comme je me taisais :

« N'admirez-vous pas les voies de la Providence? ajouta-t-il. Ne pouvant me guérir, pouvait-elle mieux faire?

— Ma foi, non, lui dis-je en contenant le rire qui me gagnait. La Providence s'est tirée là fort habilement d'affaire. C'est bien trouvé. »

L'homme enrhumé partait le soir même pour retourner à Paris. Il tint à me présenter à sa femme, je me prêtai volontiers à son désir.

« Je lui ai parlé de vous plus d'une fois, me dit-il en me conduisant vers elle. Elle sait que vous avez été le confident de nos chagrins, et je l'ai avertie tout à l'heure que je croyais vous avoir enfin retrouvé. »

Nous voyant venir, la femme de l'homme enrhumé fit obligeamment quelques pas vers nous.

« Je suis punie, me dit-elle avec une bonhomie qui ne manquait ni de grâce ni de finesse, je suis punie par où j'ai péché, mais qu'importe? mon excellent mari est heureux. »

Elle me demanda alors la faveur d'embrasser

mon petit Paul, qui, sur un signe, accourut lui apporter en rougissant ses deux joues; puis ils prirent congé de moi après que nous eûmes échangé nos adresses, et disparurent derrière le petit mur de l'hôtel. Nous les aperçûmes encore deux ou trois fois dans les circuits de la route, nous faisant de la main un signe d'adieu amical que je leur rendis de bon cœur.

Paul me dit qu'un déjeuner si dérangé à la fin ne comptait pas, et que je lui en devais un autre où je ne causerais pendant tout le temps qu'avec lui et où je ne ferais aucune rencontre.

Le bon docteur lui-même me gronda un peu. Mon café était froid, j'étais coupable.

On voulut savoir ce qu'avait pu me dire de si long le personnage singulier qui m'avait abordé, et ce qu'il était et où je l'avais connu. C'eût été sans fin de le raconter. Je promis à mon ami de l'écrire, et voilà comment il se fait, cher lecteur, que l'histoire de l'homme enrhumé se trouve mêlée sous tes yeux à celle du petit Paul.

Spa, 20 octobre 1858.

VOYAGE OU IL VOUS PLAIRA

PRÉFACE

DE LA SIXIÈME ÉDITION.

A ceux qui ne sont plus.

En revoyant seul aujourd'hui les épreuves de ce petit ouvrage qui n'a jamais eu la prétention d'être un livre; en parcourant pas à pas, page à page, cette œuvre de ma jeunesse qui ne fut pour mes deux compagnons de route qu'une occasion de patronner un débutant dans la carrière des lettres; en me rappelant les circonstances qui ont donné naissance à ce récit, qui l'ont fait ce qu'il est et qui ont empêché qu'il ne fût ce qu'il devait être; en remuant de bien loin les souvenirs qui se rattachent pour moi à chacun des feuillets épars qui composent ce frivole ouvrage, dont la pensée seule est bonne probablement; en retrouvant sous mes yeux les étranges et ravissantes images dont le crayon de mon bon Tony, le meilleur et le plus aimable des hommes, avait enrichi les grandes éditions qui en furent faites, il y a vingt ans, vingt siècles par conséquent, — j'ai senti plus d'une fois mes yeux se mouiller et mon cœur se serrer.

Tony Johannot et Alfred de Musset ne sont plus! Ils sont — où sont allés, avant et depuis eux, un grand nombre de ceux qui, dans la vie publique ou dans la vie privée, illustres ou obscurs, m'ont aimé et soutenu tour à tour et que la mort m'a pris : mes amis, mes collaborateurs ou mes maîtres et, quelques-uns aussi, mes adversaires loyaux et regrettés, lumières éteintes pour les arts, pour la politique ou pour l'amitié. Ils sont où sont Carrel, Nodier, Soulié, Guérin, Granville, Balzac, Gérard de Nerval, Lamennais, Béranger, Dezée, Reynaud, Lavalette, Frédéric Desbordes, Henry Thénard, Armand Marrast, Armand Bertin, Eugène Sue, monseigneur Affre et Eugène Cavaignac! — Ils sont — où sont d'autres êtres qui vécurent pour moi seuls et qui me furent si chers, que leur nom expire sur mes lèvres sans que j'aie la force de le prononcer.

Ils sont dans un monde qui ne peut être que meilleur que celui-ci et où l'expression de ce regret collectif sera comprise et acceptée de chacun d'eux, dans un monde où il n'y a plus ni haines, ni partis.

P.-J. STAHL.

Spa, août 1858.

AVANT-PROPOS

Il serait peut-être bon, cher lecteur, et, à coup sûr, il serait convenable de vous dire pourquoi nous partons, où nous allons, et aussi quelles raisons nous pouvons avoir pour désirer qu'il vous plaise de venir avec nous.

Il se pourrait pourtant qu'une pareille confidence eût ses dangers.

Pourquoi voyage-t-on, en effet? N'est-ce pas, outre l'avantage incontestable que chacun ne peut manquer de trouver à changer de place ici-bas, n'est-ce pas surtout pour courir après l'imprévu, et faire (en tout bien tout honneur) les doux yeux au hasard?

Le peu que nous pourrions vous dire de nos projets, si engageants qu'ils puissent être d'ailleurs, ne vous gâterait-il pas par avance ce qu'il y a de meilleur dans tout voyage, le petit bonheur des surprises, le bénéfice des rencontres, etc.? En somme, irait-on quelque part, si l'on savait bien où l'on va?

Vous le voyez, cher lecteur, dans l'intérêt même de vos plaisirs, nous devons nous taire : aussi nous taisons-nous, ou peu s'en faut, nous contentant, pour vous engager à être des nôtres, de vous assurer que partir vaut toujours mieux que demeurer.

Croyez qu'un voyage que nous ferons avec vous ne peut manquer d'être un charmant voyage. Nous y aurons — sans oublier l'honneur de votre compagnie — la joie du départ et celle du retour, ce double gain de tout voyage, deux joies dont l'une vaut l'autre sans aucun doute, et, entre ces deux joies si légitimes, les bonnes fortunes intermédiaires qui ne peuvent manquer à des voyageurs de bonne volonté.

Comptez aussi, ami lecteur, que nous espérons bien vous conduire — sans encombre — sans accidents — sans culbutes — sans trop de frais (est-il bien d'en parler?), que vous dirai-je! à l'abri du froid lui-même, — pour peu que vos portes soient bien closes et vos cheminées bien garnies, — tout au bout de ce monde d'abord, cela va sans dire, et même un peu dans l'autre, pour peu que vous y soyez disposé.

Tout cela, songez-y bien, sans qu'il vous soit besoin de rien quitter, ni vos enfants, — des enfants charmants ne sont de trop nulle part, — ni vos amis qui vous aiment, ni le coin de votre feu que vous aimez, rien enfin de ce qui vous plaît ou de ce qui vous retient, ni ceci ni cela, dont vous savez le nom mieux que moi.

Partir et rester, rester et partir, voilà le problème que nous entreprendrons de résoudre, si vous voulez.

A ce compte-là, qui ne partirait? C'est si bon de partir, et cela peut être si nouveau! Et qui ne resterait? C'est si doux de rester, et si facile!

Mais à quoi bon chercher à une chose aussi simple des raisons auxquelles il manquera certainement d'être raisonnables, et qui n'en seront pas moins bonnes pour cela?

Il s'agit de partir; partons donc! dussions-nous ne savoir pourquoi nous sommes partis.

D'ailleurs, *qui a compagnon a maître*, dit-on; n'est-ce donc pas, quoi qu'il arrive, *où il vous plaira*, qu'il nous faudra aller?

VOYAGE OU IL VOUS PLAIRA

Portrait d'un homme entiché des voyages. — Comment le récit de sa dernière aventure se trouve entre nos mains.

Il était une fois un brave et bon jeune homme qui ne pouvait rester en place, c'était son seul défaut; mais un seul défaut, si petit qu'il soit, c'est encore trop dès que le diable s'en mêle; et de quoi le diable ne se mêle-t-il pas, cher lecteur?

Notre héros était de la nature des girouettes, et on eût dit que c'était véritablement le vent qui l'emportait, quand ce n'était point un caprice.

C'est, je crois, ce que les Espagnols appellent une humeur *andantesque*.

« On n'est bien, disait-il, que là où l'on n'est pas. »

Et, là-dessus, il partait.

Le monde était pour lui un terrain glissant sur lequel il n'avait jamais pu venir à bout de se fixer; et, quand ce n'était pas de la Chine ou du Pérou, c'était tout au moins de Pontoise qu'il revenait.

Autant vous dire qu'il avait la manie des voyages, et que cette manie l'avait plus d'une fois mené et ramené d'un bout du monde à l'autre. Mais, puisque le monde a un bout, si loin qu'on aille, il faut bien revenir : ce qui le prouve, c'est que, au moment même où commence notre histoire, notre héros précisément revenait, et revenait, s'il faut l'en croire, pour ne repartir jamais.

La vérité est qu'il était amoureux.

Ne le plaignez pas, aimable lectrice, ne l'est pas qui veut; et ceci montre, selon moi, qu'il n'avait laissé sur les grandes routes ni son bon cœur, ni son bon sens.

Que deviendrait-on, si l'on n'aimait pas?

J'ajouterai, en passant, que si à force de changer, comme il arrive à tout voyageur, son cheval borgne contre un cheval aveugle, son or contre de l'argent, et de courir deux lièvres à la fois sans jamais en attraper aucun, il avait écorné tant soit peu son patrimoine, il lui était resté pourtant, sinon de quoi courir encore, au moins de quoi vivre avec honneur et sans mendier. Ce détail n'est point inutile, mesdemoiselles; car j'ai à vous dire encore que mon héros est sur le point de se marier, et que, ce matin même, il a acheté cette jolie chose toujours nouvelle, quoique depuis longtemps surannée, qu'on nomme, en France, une corbeille de mariage.

« J'ai fait mon dernier voyage, me dit-il en m'apprenant cette bonne nouvelle; décidément, la liberté consiste à être enchaîné à ce qu'on aime.

— Mon cher ami, lui dis-je, recevez mes compliments, vous pouvez bien avoir raison. »

*

Son nom était Franz.

Celui de sa fiancée? — Je ne puis vous le dire. Si vous le voulez, nous lui donnerons le nom, — le nom si doux de celle que vous aimez. Mais quoi! vous n'avez point, vous n'avez plus d'amie? Alors, choisissez entre ceux-ci le nom qui vous plaira: voulez-vous Marguerite, ou Lolotte, ou Juliette, ou Héloïse, ou Laure, ou Julie? voulez-vous Médora? Si dépourvu qu'on soit, on a toujours qui aimer parmi ces glorieuses filles de la Poésie.

Pour moi, je l'appellerai Marie, si vous le permettez.

Et quand je vous aurai dit : — que Marie était une de ces tendres fleurs qui poussent sur les bords du Rhin, pas bien loin des myosotis, ces chers brins d'herbe allemands dont on abuse un peu de nos jours, et qu'elle aimait Franz, comme Franz l'aimait; — que nous sommes dans la maison de l'excellente madame Forster, la mère de Marie; que la soirée est avancée, que le héros des aventures qui vont suivre, après avoir cherché tous les prétextes possibles pour retarder son départ, a été obligé de se lever enfin, de saluer, et de dire adieu et à demain à sa fiancée, à sa mère et au vieux major de Horne, l'ancien ami de la famille; — et quand j'aurai ajouté que, bien que tout semble aller pour le mieux, ni Franz ni le vieux major n'ont l'air satisfait; que Marie, d'ordinaire si sereine, paraissait inquiète; et que l'amoureux Franz, qui avait remarqué sa tristesse, était parti si déconcerté, qu'il ne s'était aperçu qu'il était couvert de neige qu'en se retrouvant auprès de son feu; — j'aurai dit tout ce que je sais, et n'aurai rien de mieux à faire, pour en apprendre davantage, que de déchiffrer, avec votre aide, les papiers que Franz jeta pêle-mêle dans mon chapeau, le matin même du jour où il devait conduire sa jolie fiancée à l'autel.

*

Il paraît que, quand on se marie, il y a des choses, parmi celles qui touchent au passé, qu'on ne veut ni perdre ni garder ; on les confie alors à un ami qui les confie à un autre, et c'est ainsi que, d'ami en ami, tout arrive, 'ami lecteur, jusqu'à vous. Et pourquoi pas?

*

Nous avons laissé Franz au coin de son feu, et fort préoccupé.

Ses notes seules auront désormais la parole ; je la leur cède pour ne la reprendre qu'à la dernière page de ce récit.

JOURNAL DE FRANZ.

I

A quoi je pensai au coin de mon feu.

« Hélas! hélas! me dis-je, quand j'eus les pieds dans mes pantoufles, que s'est-il donc passé? »

Je me rappelais bien qu'à un certain point de notre conversation le vieux major avait secoué son fauteuil par un mouvement inaccoutumé d'impatience : « Encore! » s'était-il écrié.

Une larme avait glissé lentement sur la joue rose de ma douce Marie. La bonne mère avait levé les yeux en soupirant sur sa charmante fille. Son regard semblait lui dire : « Il faut te résigner, ma fille. »

Mais pourquoi cette colère du vieux major?

pourquoi cette larme de Marie? pourquoi ce soupir de notre mère? — Voilà ce que je ne pouvais parvenir à m'expliquer.

Pour me distraire j'allumai ma pipe, après l'avoir bourrée avec soin de très-bon kanaster, et je saisis sur ma table, entre une certaine quantité de volumes qui s'y trouvaient amoncelés, le premier qui me tomba sous la main.

C'était un volume de la collection des voyages autour du monde, par le capitaine Cook!!!

A la vue de ce livre, de moi, hélas! trop connu, la mémoire me revint. Je compris tout.

« Maudite, mille fois maudite passion des voyages! m'écriai-je; tu m'auras une fois encore entraîné à dire cent impertinences! »

Quand cette question malencontreuse des voyages revient sur le tapis, je perds la tête; je ne vois plus que navires se croisant sur l'immensité des mers, — que chevaux et voitures parcourant rapidement tous les points du globe, — que courageux et hardis piétons traversant les sables des déserts, et gravissant les pics des Alpes et des Cordillères; et il semble qu'il m'ait été dit, comme au Juif errant : « Tu marcheras toujours! »

Que ne puis-je me contenter de voyager comme le sage de Maistre, et, comme lui, satisfaire ma passion en courant le monde sans sortir de ma chambre !

Désir insensé de tout voir, ne vous calmerez-vous donc jamais en moi?

La vue de toute la création se déroulant sous mes regards pourrait-elle jamais me consoler d'avoir fait tomber une seconde larme des beaux yeux de Marie !

Non, non, je ne veux plus penser aux voyages !

Demain, dès que le soleil sera levé, j'irai frapper à la porte du vieux major, et je le supplierai d'oublier ma sottise et de m'aider à obtenir ma grâce de Marie.

Je me jetterai aux pieds de ma fiancée, et je lui jurerai de ne jamais la quitter. Dans mes paroles sera l'accent de la vérité, et mon repentir la touchera.

Je la vois déjà me tendre sa petite main blanche, que sa mère, toujours bonne, la pressera de me donner.

Quel bonheur sera le mien quand le sourire refleurira sur ses lèvres, et que je pourrai lire mon pardon dans ses yeux !

Ah ! que la nuit est longue !

Pour l'abréger, je rassemblai tous les volumes de cette exécrable *Histoire générale des Voyages*, qui m'avait été si funeste, et je les jetai au feu.

« Brûlez ! brûlez ! m'écriai-je, vous qui m'avez perdu ! Fantômes du passé, souvenirs charmants et terribles, rêves décevants de ma jeunesse, disparaissez à jamais; je ne vous appartiens plus ! »

Le beau feu ! — Quand tout fut brûlé, je respirai plus librement, et rallumai gaiement ma pipe avec une page qui avait échappé au supplice.

Mais le passage si brusque de l'inquiétude à la perspective du bonheur du lendemain m'avait brisé.

Je retombai bientôt sans force dans mon fauteuil, et, faut-il le dire, un torrent de larmes s'échappa, malgré moi, de mon cœur oppressé.

Le vent sifflait tristement dans les arbres qui abritent ma maison, et agitait leurs branches couvertes de givre.

Tout était silencieux. Le léger craquement que produit la gelée dans les cristallisations des vitres troublait seul le calme de la nuit.

Je mis une dernière bûche dans mon feu... Mes yeux fatigués se portaient malgré moi sur les enroulements mystérieux qui se dessinaient en scintillant sur les croisées. La fumée de ma pipe, qui se groupait en nuées bleuâtres entre eux et moi, semblait donner la vie à toutes ces merveilleuses images.

Je croyais voir des roches monstrueuses suspendues en arceaux gigantesques.

Ma vue s'enfonçait dans de longues forêts de sapins couvertes d'une neige épaisse.

Je pénétrais dans des gorges de montagnes interminables et qui se prolongeaient à mesure que je m'y laissais entraîner.

Tout cela m'apparaissait peuplé d'êtres sans nom, aux formes bizarres, et se mouvant silencieusement, avec une inconcevable activité, dans des cercles sans issue, qui s'évanouissaient bientôt pour faire place à de vastes solitudes.

L'aspect morne et désolé de cette nature immobile éveillait en moi mille souvenirs confus, comme ceux qu'on aurait gardés d'un monde qui n'existerait plus.

Cette végétation surprise par la glace n'avait-elle donc jamais été verdoyante et jeune, elle dont les formes gracieuses et élégantes semblaient à jamais roidies sous la puissance d'un éternel hiver?

Il me sembla que j'avais de nouveau devant les yeux le spectre de tous mes beaux et brillants rêves de voyage; mes souvenirs devenaient des visions; ma vue se troubla, ma lampe jeta une lugubre lumière sur tous ces objets. Un frisson glacial parcourut tout mon corps.

Mon feu s'éteignit. Je n'avais pas la force de le rallumer.

Mes membres appesantis refusaient d'obéir à ma volonté, et je continuais machinalement à errer dans les contrées sans nom qui s'étaient ouvertes devant moi.

Peu à peu je tombai dans une rêverie calme et profonde.

Le silence devenait de plus en plus complet, et je n'entendis bientôt plus ni le vent du dehors, ni même ces voix mystérieuses qui parlent ordinairement derrière les charbons à demi consumés d'un foyer qui s'éteint.

Enfin, un calme absolu régna partout. Le gardien qui veille au haut du clocher sonna douze fois dans sa trompe. Puis je n'entendis plus rien et je m'endormis.

Il était minuit.

Soudain, un petit coup sec frappé à ma porte me fit tressaillir...

« Entrez ! » m'écriai-je.

II

Arrivée inattendue de mon ami Jacques.

J'avais à peine prononcé ces mots, en donnant à ma voix l'inflexion la plus polie que puisse trouver un homme pris à l'improviste, que je m'aperçus, non sans terreur, que déjà je n'étais plus seul chez moi...

Et pourtant celui qui se trouvait ainsi devant moi, c'était Jacques... mon bon, mon cher Jacques, c'est-à-dire ce que j'aimais le plus au monde... après Marie; mais Jacques si sombre, si pâle, si défait et si différent de lui-même, que, s'il eût été mort, et que si son spectre, quittant sa tombe, fût venu me visiter, il n'aurait point eu peut-être un autre visage.

III

Jacques.

Jacques était bien tout à la fois le meilleur et le plus triste garçon qu'on pût voir : le meilleur, parce qu'il était né avec un cœur d'or; et le plus triste, précisément peut-être parce qu'il était bon.

Dans ce monde, qui n'est pas et qui ne sera jamais, j'en ai bien peur, un paradis, on n'est pas bon impunément. Ceux qui le sont, ou l'ont été, sont là pour le dire, et comprendront, j'en suis sûr, que l'infinie bonté de Jacques avait pu et dû lui coûter cher.

Mais c'était là son moindre souci. Et, de même que les fleurs donnent leur parfum au premier venu, sans choix et sans préférence, de même aussi

Jacques, dans sa première jeunesse, avait, en dépit des conseils et quelquefois du sens commun, donné son cœur à tort et à travers, et en aveugle.

Selon lui, l'important, c'était seulement qu'on fût bon à quelque chose.

Mais, hélas! si bon qu'on soit, il faudrait l'être encore bien davantage pour se faire pardonner le bien qu'on fait. Je ne calomnie personne en disant ceci, malheureusement! Aussi, dans une voie pareille, que d'ingrats il avait dû faire! Quand on le lui faisait remarquer : « Ils n'ont pas tort, disait-il; seulement, ils n'ont plus besoin de moi. »

Mais il avait beau dire, à force d'être bon et par trop bon, et à force de trouver des ingrats, cette tristesse incurable que ceux qui l'aimaient retrouvaient au fond même de ses joies devait lui venir, et elle lui était venue.

Non pas qu'il passât sa vie dans les larmes et dans les désespoirs, et que l'air retentît de ses cris... bien au contraire! car, s'il s'apitoyait volontiers sur autrui, en revanche il ne s'attendrissait guère sur lui-même, et, au rebours de bien des gens, loin de s'emporter jamais contre le sort, il acceptait ses coups les plus rudes, sans jamais ajouter à ses ennuis celui de les maudire, du moment où ils n'atteignaient que lui seul.

Mais quels étaient au juste ses ennuis? Nul n'aurait pu le dire.

Était-il amoureux? ne l'était-il pas? L'un et l'autre est très-triste ; mais sur ceci comme sur le reste, les certitudes manquaient.

Aussi, ce que je viens de dire ne le ferait-il reconnaître de personne, et ai-je eu tort, par conséquent, d'en dire si long.

Quoi qu'il en soit, avant de continuer mon récit, j'ajouterai ceci encore : — c'est qu'à mon amitié pour Jacques se mêlait ce je ne sais quel respect qu'on a volontiers pour les gens qui savent se taire, et qu'il exerçait sur moi, à de certaines heures, une influence suprême.

C'était de lui, enfin, que je tenais cette humeur voyageuse qui, ce soir encore, avait mis en péril mon bonheur ; c'était avec lui, et pour le suivre, que j'avais couru le monde. Aussi, en le revoyant, lui que je croyais bien loin, ne pus-je vaincre un sentiment d'effroi ; car, d'ordinaire, s'il arrivait, ce n'était guère que pour repartir. Or, quand Jacques repartait, j'étais bien près d'en faire autant.

En effet, il était botté, éperonné, en costume de voyage enfin et la cravache à la main, — comme un homme disposé à se mettre en route.

IV

Comment se font les folies.

Ici mon embarras est grand; car (oserai-je jamais le dire?), en un instant et à la vue de Jacques tous les souvenirs de ma vie errante, endormis dans mon cœur, s'étaient réveillés comme par enchantement; et, sur un simple signe qu'il me fit, me levant aussitôt du siége où m'avaient cloué d'abord et sa présence inattendue et les inconcevables changements que j'avais remarqués en lui, et, me levant comme je l'eusse fait à l'ordre de Dieu même, — je partis!

Et si vous me demandez raison de cet acte insensé, — je vous dirai : — Demandez au nuage qui passe pourquoi il se laisse emporter par le vent! — demandez à l'oiseau qui s'envole pourquoi il quitte son nid! — demandez au ramier amoureux ce qui l'éloigne de sa colombe toujours fidèle! — demandez à celui qui trahit et à celle qui trahit (sans aimer la trahison) pourquoi ils trahissent! — et demandez enfin à toute créature, ayant à choisir entre le bien et le mal, pourquoi elle choisit le dernier, qu'elle déteste et qui la perd!

Et si vous restez sans réponse, je vous demanderai à mon tour comment se font les folies, et si vous-même (pardonnez-moi, lecteur), vous n'avez jamais fait un pas de trop dans ce dur chemin de la vie, où le plus sûr marcheur s'égare, dit-on, sept fois par jour.

V

Questions sans réponses.

— Il y a des gens qui, à de certaines saisons, quittent tout : — amitié, amour, repos et patrie, — et traversent l'Océan pour aller, au péril de leur vie, chercher sur les cimes effrayantes du Chimborazo, — lesquelles s'élèvent de vingt-deux mille pieds au-dessus du niveau de la mer, — un papillon chimérique... introuvable. —

— Il y avait autrefois sept étoiles qui formaient ce qu'on appelait la Pléiade : il n'y en a plus que six. — Où est allée la septième ? —

— Ève a mangé du fruit défendu, lequel, il est vrai, était offert par un serpent. —

— Pandore eut la curiosité d'ouvrir une boîte

d'où ne pouvait sortir rien de bon. — Pourquoi ? —

— Sait-on ce qu'Alexandre allait faire en Asie, au lieu de rester dans son royaume de Macédoine ? —

— Dioclétien s'est fait jardinier. —

— Alaric, Attila et tant d'autres savaient-ils d'où ils venaient et pourquoi ils marchaient ? —

— Nos pères, quand ils allaient visiter *il gran sepolcro*, n'étaient-ils mus que par la foi ?

— Pourquoi Charles-Quint s'est-il fait enterrer avant sa mort ? —

— Pourquoi Christine quitta-t-elle la Suède et son trône pour venir danser à Versailles, où on trouva qu'elle dansait très-mal ? —

— Qu'est-ce qui a pu pousser la nièce de lord Chatham à quitter l'Angleterre, pour aller s'asseoir sur les ruines de Palmyre ? —

— Il y a des poëtes qui sont descendus aux enfers, et des écrivains qui ont cru devoir aller, ceux-ci dans la lune, ceux-là dans le soleil ; les uns dans ce monde, les autres dans l'autre. —

— Etc., etc., etc. —

Après cela, que vous dirai-je ? sinon qu'il y a des choses qui ne s'expliquent pas, qu'il faut prendre son parti des mystères, — et que je partis enfin — au lieu de rester.

O toi qui pars ! si tu pensais un instant que ce

que tu aimes, que ce que tu quittes peut mourir loin de toi, partirais-tu?

Au moment où j'allais laisser derrière moi le seuil de ma porte, cette pensée me vint. Et cependant...

Mais il faut tout dire, le bien comme le mal, je m'arrêtai un instant, éperdu. Je revins sur mes pas pour donner un dernier regard à ce doux nid où étaient éclos tous mes rêves de bonheur, où je sentais bien que j'allais les laisser tous; et, par un mouvement machinal, je me trompe, par un mouvement que m'inspira sans doute mon bon ange, je rentrai et pris une petite branche de buis bénit, que Marie avait rapportée pour moi de l'église au dernier dimanche des Rameaux, « afin qu'elle protégeât, disait-elle, contre le démon (le démon des voyages, sans doute) celui qui allait devenir son époux. » Après avoir pieusement porté à mes lèvres ce gage révéré, je le serrai contre mon cœur, espérant qu'il le garderait de tout mal.

Et je suivis Jacques...

VI

Où allons-nous?

Des chevaux, semblables aux coursiers de l'Apocalypse, nous attendaient à la porte.

J'avais à peine eu le temps de les entrevoir (la nuit était sans étoiles), que déjà Jacques était en selle.

« Mon bon monsieur, me dit d'un air goguenard, et en me présentant l'étrier, le petit groom qui avait amené ces étranges montures, n'ayez donc pas peur ! »

Et, me voyant en selle à mon tour, il tira de sa poitrine un sifflement si aigu, que je ne pus m'empêcher de tressaillir.

Nos chevaux partirent comme le vent.

Pour sortir de la ville, il nous fallut passer devant la maison de ma fiancée !

La fenêtre de sa chambre était entr'ouverte, et je vis la douce fille assise devant un clavecin que lui avait légué son oncle l'organiste. L'inquiétude l'avait tenue éveillée.

Elle chantait :

RAPPELLE-TOI.

Rappelle-toi quand l'aurore craintive
Ouvre au soleil son palais enchanté ;
Rappelle-toi, lorsque la nuit pensive
Passe en rêvant sous son voile argenté ;
A l'appel du plaisir lorsque ton sein palpite,
Aux doux songes du soir lorsque l'ombre t'invite,
Écoute au fond des bois
Murmurer une voix :
Rappelle-toi.

Rappelle-toi, lorsque les destinées
M'auront de toi pour jamais séparé,
Quand le chagrin, l'exil et les années
Auront flétri ce cœur désespéré ;
Songe à mon triste amour, songe à l'adieu suprême ;
L'absence ni le temps ne sont rien quand on aime.
Tant que mon cœur battra,
Toujours il te dira :
Rappelle-toi.

Rappelle-toi, quand, sous la froide terre,
Mon cœur brisé pour toujours dormira ;
Rappelle-toi, quand la fleur solitaire
Sur mon tombeau doucement s'ouvrira

> Je ne te verrai plus, mais mon âme immortelle
> Reviendra près de toi comme une sœur fidèle.
> Écoute dans la nuit
> Une voix qui gémit :
> Rappelle-toi.

Elle chantait... et moi, je partais !

Chacune des notes du vieil air de Mozart, chacune des paroles de ce chant si doux et si simple, éveillait en moi un souvenir et un remords.

« Marie, Marie, m'écriai-je avec désespoir, je te quitte, et pourtant je t'aime ! »

Mais bientôt les sons cessèrent d'arriver jusqu'à moi.

Je remarquai avec épouvante que le silence nous enveloppait en même temps que les ténèbres, qui croissaient d'instant en instant, et que la terre semblait rester muette sous les pas de nos chevaux.

Notre course devenait de plus en plus rapide, comme si un aiguillon invisible en eût précipité l'ardeur.

« Jacques, dis-je tout bas, mais bien bas, à mon compagnon, tant il m'eût semblé téméraire de troubler ce redoutable silence ; — Jacques, mon bon Jacques, où allons-nous ? »

Mais il ne m'entendit pas.

Un rayon de la lune ayant traversé un instant le

voile de nuages qui l'obscurcissait, une pâle clarté tomba sur le visage de Jacques.

Je fus saisi de pitié en voyant les horribles ravages qu'avait subis toute sa personne. Un sourire plein d'amertume remplaçait sur ses lèvres le bienveillant sourire dont le charme autrefois lui ouvrait les cœurs les plus rebelles. Son doux et noble visage avait pris je ne sais quel aspect brutal et fantastique. A le voir ainsi, on l'eût cru de vingt ans plus vieux que moi, et pourtant nous étions nés le même jour ; mais le malheur n'a pas d'âge et la douleur vieillit aussi bien que les années.

Je crus voir, je me trompais peut-être, que de ses yeux coulaient des larmes silencieuses. « Pauvre Jacques ! » pensai-je ; mais je ne me sentais pas la force de l'interroger de nouveau, — et notre course continuait.

Combien de chemin nous fîmes dans cette nuit éternelle, je ne saurais le dire ; tout ce que je sais, c'est que, quand nous eûmes laissé derrière nous les plaines et les monts, les torrents et les abîmes, nous nous trouvâmes dans une forêt où nous aurions couru risque de nous perdre, si nos chevaux épuisés ne s'étaient arrêtés d'eux-mêmes devant la porte d'une humble cabane qui servait de retraite à une bonne vieille qui pouvait bien avoir cent ans, ce qui ne l'empêchait pas d'avoir encore la plus aimable figure du monde. Elle nous fit les honneurs de sa petite cabane avec tant de bonne grâce, que je ne pus m'empêcher de penser qu'une si belle vieillesse devait être la récompense d'une bonne vie.

Quand nous eûmes pris un peu de repos, notre hôtesse, qui vit bien à qui elle avait affaire, nous raconta l'histoire suivante, « pour nous faire passer le temps et en attendant le jour, » nous dit-elle.

« Je tiens des petites fleurs, mes voisines, le récit que je vais vous faire, dit la vieille femme en ranimant le feu; leurs aïeules en sont les héroïnes. Il n'est pas dans la forêt un brin d'herbe qui ne connaisse cette histoire, et qui ne puisse en garantir l'authenticité. »

VII

Les fleurs des bois.

> « . . . . Etiam flevere myricæ. »
> Les bruyères elles-mêmes ont pleuré.
> « . . . Et nobis placeant ante omnia sylvæ. »
> Que les forêts nous plaisent avant tout.
>
> VIRGILE.

Il y a bien des siècles ! les petites fleurs qui fleurissaient solitaires et paisibles dans cette forêt s'avisèrent de se plaindre de leur solitude et de leur délaissement.

« C'est bien la peine, disaient-elles, d'être fraîches, d'être jolies et parfumées, pour vivre et mourir au fond d'un bois, et pour donner au vent, qui ne sait qu'en faire, nos plus doux parfums... Que les fleurs des jardins sont heureuses! La culture les embellit, on les admire, et leur vie est une fête continuelle! Notre exil dure depuis trop longtemps; il faut nous plaindre, et demander à celui qui nous a créées de nous tirer d'où nous sommes; c'est à y mourir d'ennui.

— Y pensez-vous, mes filles? vouloir quitter cette sûre retraite pour aller vivre au milieu du monde? reprit une fleur déjà un peu fanée et qui avait quelque expérience de la vie. Croyez-moi, Dieu fait bien ce qu'il fait, et, s'il nous a semées ici, c'est que nous y sommes mieux qu'ailleurs. Où est le bonheur, si ce n'est à l'ombre de ces beaux arbres, dont le vert feuillage vous protége contre le vent du nord ou contre les ardeurs de l'été, et qui ne s'entr'ouvre sur vos têtes que pour vous laisser apercevoir le ciel? Où retrouverez-vous ce merveilleux tapis de mousse qui va si bien à vos couleurs?

« Vous vous plaignez de votre isolement! N'est-ce donc rien que de vivre pendant le jour en compagnie avec des papillons toujours amoureux, et aussi d'être visitées pendant la nuit par les esprits invisibles qui habitent les forêts, et qui, pour vous, n'ont point de secrets?

« O mes filles, le monde est plein d'embûches

pour les pauvres fleurs. Heureuses celles qui, comme nous, vivent dans des retraites où le souffle du mal n'a jamais pénétré! »

Un petit chuchotement qui courait de fleur en fleur suivit ce long discours. Il est facile de deviner tout ce qui se dit à cette occasion, et avec quelle irrévérence furent écoutés par de jeunes fleurs fraîches écloses les sages conseils d'une fleur fanée... La jeunesse est la même partout et agit toujours à l'étourdie.

Quelques-unes cependant, et des plus raisonnables, — parmi elles se trouvaient la vertueuse Menthe, l'honnête Fougère, et le constant Asphodèle, — disaient, mais pas bien haut, qu'il fallait réfléchir, qu'il se faisait tard, que l'heure était venue de dormir et qu'il fallait prendre conseil de la nuit, que la chose était assez grave pour qu'on ne se décidât pas à la légère, etc.

Elles disaient, enfin, ce qu'on dit quand on a peur et qu'on veut gagner du temps.

Mais les plus impatientes répondaient qu'il n'est jamais trop tard pour bien faire, que la vie est courte, que les fleurs n'ont que des jours et point de lendemain, et qu'il fallait enfin jouir au moment même.

« Ouf! j'ai cru que cette vieille racine de Patience n'en finirait jamais, dit avec aigreur une grosse Bourrache à un Grateron qui s'agitait à ses côtés.

— Ma chère, disait à une Valériane, dont la facilité était connue, un Coquelicot très-égrillard, — quand on craint le danger, c'est qu'on le connaît, et je gagerais la plus rouge de mes feuilles que la vieille Patience a été, dans son temps, faire un tour dans les villes, où elle aura trouvé, pour l'endormir, quelques-uns de ces Pavots blancs dont la pâleur a eu, vous le savez, un moment de succès.

— Ne me parlez pas des vieilles gens, criait une de ces petites fleurs jaunes qui se mangent en salade, et qui ont donné, on ne sait pourquoi, leur nom à de certains petits garçons; — ne me parlez pas des vieilles gens : ils disent tous la même chose. »

Comme toujours, enfin, c'étaient ceux qui auraient mieux fait de se taire qui parlaient le plus haut.

*

Pendant tous ces débats, la nuit était venue, et avec elle son compagnon le sommeil. Tous les deux étendaient leurs ailes sur la nature. Déjà les petites fleurs penchaient leurs calices vers la terre, et commençaient à s'endormir ; — il y en avait même qui dormaient tout à fait.

Mais pourtant le désir veillait en elles, et il sortit du fond de leurs pauvres petits cœurs désolés plus d'un triste soupir mêlé à leurs plus doux parfums.

*

Le parfum des fleurs, c'est leur prière et l'encens qu'elles offrent au ciel.

Ce soir-là, il y monta plus suave encore que de coutume, et arriva jusqu'au pied du trône de Dieu, apporté sur les ailes de leurs anges gardiens.

Dieu écouta la prière des petites fleurs des bois, et, voulant leur être agréable, il dit :

« Qu'il soit fait comme elles l'ont voulu ! »

*

En un instant, toutes celles qui avaient maudit leur destinée furent transplantées, comme par miracle, au milieu du monde et dans un grand jardin ; — le Lierre lui-même avait quitté l'Ormeau, le Roseau, l'harmonieux murmure de sa source, et la Pervenche, ses doux souvenirs ; — et, quand elles s'éveillèrent le lendemain dès l'aube du jour, et qu'après avoir secoué leurs petites robes toutes couvertes de perles de rosée elles reconnurent que leur vœu le plus ardent était exaucé, elles demeurèrent si émerveillées, qu'elles ne pouvaient croire à tant de bonheur.

*

« Oh ! qu'il fait beau ici ! s'écrièrent-elles ravies, dès qu'elles furent remises de leur étonnement. Quelle différence de ce beau jardin qui reçoit la lumière éclatante du soleil avec notre noire forêt !

— On pourra, du moins, être jolie tout à son aise ici, et s'étaler, et se faire voir, et se faire admirer, et être aimées enfin ! » (Les folles ignoraient qu'on n'aime pas, hélas ! tout ce qu'on admire.)

Toutes relevaient fièrement la tête et essayaient de se grandir et de se hausser pour égaler leurs redoutables rivales. Mais en vain ! le bon Dieu les avait semées petites fleurs, et petites fleurs elles restaient. Pour comble de malheur, elles ne pouvaient se plaindre les unes aux autres, car on les avait séparées : les sœurs étaient loin des sœurs, les amants loin de celles qu'ils aimaient, et il n'y avait plus ni lien ni famille. La symétrie le voulait ainsi ; chacune avait sa place marquée. Il s'agissait bien d'être heureuses, vraiment! il s'agissait d'être belles, et de servir à l'ornement de ce beau lieu.

*

Les voilà bien tristes, — mais pourtant se consolant un peu avec l'idée que bientôt on va les trouver superbes et le leur dire, ce bonheur ne leur semble pas trop chèrement acheté. Elles l'appellent de tous leurs vœux. — Il va venir. — Elles s'y préparent, et font de leur mieux pour être avenantes.

*

Mais, ô surprise! ô douleur! ô disgrâce! ô confusion! elles n'attirent point les regards, on ne les remarque pas, et, si elles n'étaient pas en sûreté dans les plates-bandes, on les écraserait peut-être; — les Roses à cent feuilles les plus épanouies, celles qui montrent sans pudeur leurs attraits, les Dahlias qui cachent sous leur robe d'un gros rouge leur orgueilleuse nullité, et toutes les fleurs qui n'ont d'autres charmes que leur toilette, que leur éclat, sont les seules fleurs dont on s'occupe et semblent seules les reines de ce jardin; elles sont là chez elles, recevant les hommages d'une cour empressée, et paraissant s'en soucier à peine.

Et, je vous le demande, quelle figure pouvaient faire les simples Liserons, la naïve Argentine, la douce Mauve, le bon petit Perce-Neige, l'estimable Sauge, la Brize tremblante, la folle Ancolie, l'humble Primevère, l'imperceptible Muguet, l'innocent Bluet, l'étourdi Sainfoin, la Scabieuse en deuil, la Mandragore elle-même malgré sa rareté, la Rose sauvage et la sentimentale Pâquerette, à côté de l'orgueilleuse Reine-Marguerite, et des Roses musquées, et des Roses-Pompons, et des Roses des quatre saisons, et des Roses à mille feuilles, et des Roses moussues, et des Roses-Rois, et des sept mille neuf cent sept variétés de Roses, enfin, qui font la gloire des jardins cultivés, — sans oublier les Dahlias, les Camellias, les Hortensias, les Belles-de-Jour, les Belles-de-Nuit, et les Narcisses, et les Soleils, et les Oreilles-d'Ours, et les Gueules-de-Loups... et tant d'autres!...

*

Ah! qu'il y eut alors de pleurs versés, de calices desséchés, et comme les petites fleurs regrettaient leur ombre des bois, et la mousse, et le silence, et le repos! Ce fut bien pis quand le jardinier vint à passer, la bêche à la main, tout près d'elles! pas une n'avait une goutte de sang dans les veines, et toutes tremblaient si fort, qu'elles auraient voulu être à cent pieds sous terre. Mais elles en furent quittes pour la peur. L'heure de la mort n'était pas encore venue pour elles, mort violente, mort affreuse, dont elles n'avaient pas l'idée; car dans les forêts, les fleurs meurent toutes de leur belle mort et seulement quand il plaît à Dieu, qui est le maître de tout ce qui vit.

*

Mais pour n'être pas mortes, elles n'en valaient guère mieux.

Le soleil de midi, qui tombait d'aplomb sur elles, accoutumées à ne recevoir ses rayons qu'à travers un voile de verdure, les brûlait sans merci, et autour d'elles pas une source qui apportât à leur pied desséché un peu de fraîcheur! — Sans doute, on leur jetait bien de temps en temps un peu d'eau, mais quelle eau! et, d'ailleurs, ce secours n'arrivait jamais à point, et plus d'une fut en danger de mourir pour avoir été arrosée hors de propos; — pas un pauvre petit brin d'herbe ni de mousse dans tout le voisinage, et il fallait se résigner à pousser dans une terre aride et noire, remuée et tourmentée tous les jours, dans la crainte qu'une plante amie ne vînt y germer d'aventure.

*

« Ah! fuyons ce sol inhospitalier! dirent un beau matin les plus sincères, et retournons dans notre pays ; — partons! »

Mais comment se mettre en route quand on n'a pas l'habitude de marcher? Une fois encore, les voilà toutes en prière ; — chacune fit son vœu (le vœu du naufragé!) en attendant le miracle qui devait les tirer de ce lieu maudit. Mais de miracle point. — Il ne s'en fait pas autant qu'on en voudrait, et les anges de bonne volonté ne sont pas toujours prêts à se faire les serviteurs des habitants de la terre. Ils essayèrent pourtant d'obtenir de Dieu le retour des pauvres exilées dans leur forêt natale; Dieu fut sourd à leurs prières.

*

C'est depuis ce temps qu'il y a des fleurs des bois dans les jardins, et, comme si la malédiction du ciel pesait sur leur race infortunée, jamais les pauvrettes n'ont pu s'élever ni devenir plus belles ; elles sont encore et seront toujours ce qu'elles étaient au moment où elles ont quitté leurs bois, et la culture n'a jamais pu parvenir à les changer. Dieu l'a voulu ainsi pour les punir de leur envie de courir et de leur vanité...

*

C'est ainsi que l'orgueil et la curiosité, qui ont perdu le premier homme, ont perdu aussi les fleurs des bois et les fleurs des champs.

Et, ayant ainsi parlé, la bonne vieille se leva.

« Ceci prouve, ajouta-t-elle, que rien n'est bien que ce qui est à sa place, et que vous ne feriez probablement pas mal de retourner d'où vous venez. Croyez-en une vieille fleur des champs, — qui a eu aussi son jour d'orgueil et de curiosité, ajouta-t-elle, — mais à laquelle Dieu l'a pardonné. »

*

Nous voyant disposés à repartir, la pauvre vieille hocha la tête d'un air mécontent, ouvrit sa porte, puis nous tourna le dos et disparut.

« J'aime ces petites histoires, dis-je à Jacques, qui, de même que moi, avait laissé parler l'aimable vieille sans l'interrompre; sans doute, ce ne sont point des tragédies, et on n'y pleure ni au commencement, ni au milieu, ni à la fin; mais cette bonne vieille pourrait avoir raison, et nous, nous pourrions faire plus mal que de l'en croire.

— En route, en route, » me répondit-il.

VIII

Plus de peur que de mal.

Nous n'avions pas fait cinq cents pas, que nous rencontrâmes, au fond d'une étroite vallée, trois individus d'assez mauvaise mine.

Je conviendrai volontiers que mourir n'est peut-être pas grand'chose; encore pourtant aimerait-on pouvoir choisir son moment; aussi la pensée que nous allions être assassinés au fond de cette forêt me remplit-elle d'horreur, et je songeai à vendre chèrement ma vie.

« Défendons-nous! » dis-je à Jacques en me rapprochant de lui.

Et, m'adressant aux bandits :

« Messieurs ! m'écriai-je, qui êtes-vous?

— Nous sommes des pauvres diables, » répondit l'un d'entre eux.

Bien que Jacques parût satisfait de cette réponse, je n'en restai pas moins sur la défensive.

Mais, heureusement, il se trouva que ceux que j'avais pris pour des brigands étaient les plus braves gens du monde. Ils se rangèrent poliment sur le bord du chemin pour nous livrer le passage, et nous apprîmes qu'ils venaient d'un lointain pèlerinage, et qu'ils rapportaient de leur sainte expédition, pour eux-mêmes et pour leurs proches, un grand nombre d'indulgences.

« Prenez ceci, me dit l'un d'entre eux en me présentant un anneau de plomb. Cet anneau peut vous préserver de la rage, de l'amour, de la mort et de mille autres accidents.

— Il n'y a même plus de brigands, me dit Jacques, quand ils furent passés; mais, c'est égal, ta fière contenance nous a sauvés. »

IX

Un nid d'amoureux. — Suicide d'un berger. — Remedia amoris.

L'air était pur, les oiseaux s'éveillaient, le soleil se levait, nous étions enfin à l'aube d'un beau jour. Jacques subissait l'influence de cette belle matinée. Peu à peu son front s'éclaircissait, et je le voyais redevenir plus semblable à ce qu'il avait été; moi-même, ô inexplicable cœur de l'homme! je commençais à me pardonner de n'être point où j'aurais dû et voulu être; je parvenais presque à me persuader qu'en dépit de mes folies Dieu me garderait le cœur de l'ange que j'avais abandonné.

Arrivé sur la lisière de la forêt, Jacques s'arrêta, et, me faisant signe de me taire, il me montra, non loin de là et à demi cachés comme dans un nid par le feuillage, deux gracieux enfants qui ne nous avaient ni vus ni entendus. Leurs mains entrelacées disaient clairement qu'ils s'aimaient et que, comme tous les amoureux, ils se croyaient seuls dans l'univers.

Nous fîmes un détour pour n'avoir point à les troubler, et nous nous trouvâmes bientôt devant le plus riant paysage qu'on pût voir.

Tout au fond, il y avait une montagne; à droite était la forêt que nous venions de quitter; à gauche, une jolie petite ville allemande, avec son vieux clocher, ses toits roses et ses maisons gris perle; au milieu s'étendaient des champs de blé, des vignes et de riches pâturages; plus près coulait une rivière, et au-dessus de tout cela brillait un soleil resplendissant.

Tout au bord de la rivière était un beau garçon qui regardait l'eau couler en pleurant amèrement; quand nous fûmes tout près de lui, nous vîmes qu'il s'était mis au cou une corde à laquelle était attachée une pierre qu'il tenait sur ses genoux.

A ses pieds était une houlette; ce qui nous fit voir qu'il était berger.

« Que diable fais-tu là, mon garçon, lui dit Jacques, et pourquoi pleures-tu?

— Je pleure, répondit le pauvre garçon, parce

que j'ai perdu celle que j'aimais, et je suis là pour me noyer.

— Pour te noyer ! » lui dis-je.

Mais déjà il était dans l'eau ; ce que voyant, je me mis aussitôt en devoir de l'y suivre, dans l'intention bien arrêtée de l'en-retirer.

Mais Jacques, me saisissant brusquement par le bras :

« A quoi penses-tu ? me dit-il ; si ce garçon a véritablement perdu celle qu'il aimait, il fait très-bien de chercher sous cette eau l'oubli et le repos ! et tu aurais grand tort de le contrarier ; laisse-le faire...

— Jamais ! m'écriai-je indigné.

— Eh bien, alors, laisse-moi faire, » reprit-il.

Et, s'étant jeté lui-même à la nage, il parvint à ramener sur la rive le pauvre amoureux, qui s'obstinait à mourir.

« Mon cher enfant, lui dit Jacques, quand il l'eut débarrassé de sa pierre et de sa corde, qui avait failli l'étrangler, je te demande bien pardon de m'être mêlé de tes affaires. Si j'ai eu tort, la rivière est encore là, et tu en seras quitte pour recommencer. Mais, auparavant, réponds-moi : Avais-tu bien pensé à ce que tu allais faire ? Celle que tu aimais est-elle morte ?

— Morte! dit le pauvre garçon, plût à Dieu! Je l'aimerais mieux au fond de cette rivière d'où vous m'avez arraché, que là-bas, au fond de ce taillis, où je viens de l'apercevoir avec notre voisin. Vous les avez peut-être vus en passant tout à l'heure.

— Oui, dit Jacques.

« Hélas! hélas! ajouta-t-il en s'adressant à moi, la femme est donc partout et toujours un être changeant... Si jeune! vivant loin des villes, toujours en face de cette belle et immuable nature, de cette nature qui ne trompe jamais — et déjà perfide... »

Puis, se tournant vers le berger, il lui parla ainsi :

« Ovide, mon ami, a composé un petit poëme intitulé : *Remedia amoris,* remèdes d'amour, dans lequel il regrette de n'avoir pas vécu du temps de Didon et d'autres personnages amoureux qui se sont donné la mort, parce qu'il leur aurait communiqué sa recette. Le principal remède, à son avis, est la chasse ; c'est pour cela qu'on dit que Diane a toujours vécu chaste.

« Les voyages lointains, les courses sur les hautes montagnes, sont encore d'excellents spécifiques.

« Il faut cependant fuir la solitude. Exemple : Phyllis ne se serait pas noyée si elle n'eût pas vécu seule; car, avant de se noyer, elle était allée jusqu'à neuf fois sur le bord de la mer, et cependant son amour était des plus forts.

« Il faut aussi fuir l'oisiveté. Sans doute, l'amour est une fatigue; mais c'est une fatigue qui convient même au paresseux. — Voilà pour le moral.

« Quant aux moyens d'hygiène, Ovide, — c'est toujours Ovide qui parle, — Ovide soutient encore qu'il faut boire beaucoup et manger de même. C'est, dit-il, un fait reconnu : — témoin Ariadne, qui se serait probablement noyée si, après le départ de Thésée, elle n'eût été consolée par Bacchus, c'est-à-dire, et j'en suis bien fâché pour elle, par le vin !

« En somme, de tous les amoureux, il n'y a guère que Renaud de Montauban qui se soit guéri de son amour en buvant de l'eau ; encore était-ce de l'eau extraordinaire, puisqu'il la puisa dans une fontaine qu'on n'a jamais pu retrouver.

« Je te citerai cependant encore Roland, qui se guérit d'une passion qui avait dégénéré en folie, en buvant quelque chose...; mais, ne pouvant te dire le nom de la liqueur qui le sauva, je me contenterai de t'apprendre qu'elle ne se trouve que dans la lune, et qu'il fallut la lui faire boire par le nez, tant la cure était difficile.

— Monsieur, répondit le pauvre garçon, je ne connais ni Bacchus, ni Thésée, ni Ariadne, ni Ovide, ni Renaud, ni Roland, ni aucun de ceux, ni aucune de celles dont vous me parlez, ni vous-mêmes ; mais je suis mouillé jusqu'aux os, et je crois fermement que vous avez raison ; dès demain, je mettrai à profit vos conseils. Pour le moment, nous irons, si vous le voulez, chez mon père, qui tient une petite auberge tout près de l'église que l'on aperçoit d'ici, et nous y ferons sécher nos habits. Quand on apprendra chez nous que vous m'avez sauvé la vie, vous y serez le bienvenu. »

Jacques ayant accepté, nous entrâmes bientôt dans cette auberge. — C'était un dimanche : — elle était pleine.

Dès qu'on y sut que le pauvre père avait failli perdre son fils, et que l'amour aurait été la cause de ce malheur, il se dit aussitôt, par les braves gens qui se trouvaient là, plus de mal de cette passion et plus de mal des femmes que je n'aurais cru possible ou même juste qu'on en pût dire, dans quelque circonstance que ce fût.

Le maître d'école de l'endroit, qui paraissait être un des habitués de la maison, était le seul qui ne jetât pas les hauts cris.

« On ne peut pas s'étonner, disait-il, de ce qui

vient d'arriver à un simple berger, quand on pense que le grand César, et tous les empereurs romains, — qu'Agamemnon, le roi des rois ! — et le bon roi Dagobert lui-même... »

Mais il avait envisagé avec tant de soin ce côté intéressant de l'histoire des hommes célèbres, et son érudition en ce genre était si vaste, que j'essayerais en vain de nommer tous ceux dont il eut à parler, la liste en étant tellement considérable que la nuit vint avant qu'elle fût épuisée.

Jacques, comme Rodomont écoutant l'histoire de Joconde, gardait le silence ; d'où je conclus que sa douleur ne pouvait lui venir que d'une femme. Pour moi, je ne pouvais faire qu'une fort triste figure, car tout ce qui se disait tournait à ma confusion. Qu'étais-je, en effet, sinon un des cœurs sans force et sans vertu dont on flétrissait avec tant de raison les faiblesses et les lâchetés?

Parmi toutes les histoires qu'on raconta à l'appui de l'aventure du jeune berger, je n'en ai retenu qu'une, qui fut dite par un très-aimable vieux bonhomme dont j'ai oublié le nom.

Voici cette histoire ; je la donne ici, elle n'y sera peut-être pas plus déplacée qu'une autre.

X

Les amours du petit Job et de la belle Blandine.

Dans la ville de *** se trouvait une belle église que chacun admirait. Au-dessus de cette église était un beau clocher, dans ce beau clocher une belle cloche sonore, et cette belle cloche avait un gentil sonneur qu'on appelait le petit Job.

Si vous tenez à savoir pourquoi le petit Job s'appelait ainsi, je vous dirai que, par une assez froide matinée de février, il avait été trouvé, au milieu du parvis de l'église, couché sur une demi-botte de paille et à peine enveloppé dans de pauvres langes, par un des bons prêtres qui desservaient l'église dont il s'agit, au moment où ce bon prêtre allait dire sa messe de tous les matins.

Le charitable abbé, voyant ce petit enfant à demi

nu et presque mort de froid, s'était baissé pour le ramasser, l'avait réchauffé dans sa soutane et puis confié à un sacristain, qui était un brave homme. — Après quoi, il avait dit sa messe comme à l'ordinaire, en ajoutant toutefois à ses prières une prière encore plus fervente que les autres pour l'orphelin que le ciel venait de lui envoyer.

La messe dite, le digne homme s'en était allé à la sacristie; des arrangements avaient été pris entre lui et le sacristain, et il s'en était suivi que le petit Job, qui, une demi-heure auparavant, n'avait de fortune que sa demi-botte de paille, avait trouvé heureusement deux protecteurs, l'abbé d'abord, et le sacristain ensuite, et aussi une maison, la maison du bon Dieu, une belle église.

Et, quand on l'avait baptisé, on l'avait nommé Job, en mémoire de la paille sur laquelle on l'avait trouvé.

*

Le petit Job habitait, avec le sacristain, une maisonnette qui était bâtie au pied de la tour qui conduisait à l'horloge. Quand il fut un peu grand, on l'employa au service de l'église; il balayait la sacristie, faisait reluire les chandeliers, remplissait les bénitiers dès qu'ils étaient vides, et servait la messe au besoin. Mais, ce qu'il faisait le mieux et avec le plus de plaisir, c'était tout ce qui concernait le service de l'horloge : aussi était-il dans les bonnes grâces du vieux sonneur.

Il faut que je vous parle de cette horloge, renommée pour sa grande beauté, et qu'on venait visiter de cent lieues et plus à la ronde.

Elle se composait, comme toutes les horloges, de rouages extrêmement compliqués, et marquait l'heure au temps vrai et au temps moyen avec une ponctualité qui eût fait honneur au soleil lui-même. Mais ce chef-d'œuvre, enfermé dans son clocher, aurait pu traverser les siècles, si l'habile ouvrier, son auteur, n'y avait joint ce qui pouvait charmer les yeux de la multitude. Je ne parlerai ni des douze apôtres, ni de l'histoire tout entière de la Passion qui s'y voyaient représentés; mais je dirai seulement que sous le cadran de l'horloge, et en face du soleil levant, se trouvait une niche taillée dans la pierre et que deux volets richement dorés et ciselés fermaient hermétiquement.

Dans cette niche habitait une gentille petite femme haute de trois ou quatre coudées à peu près, et qui vivait là depuis que l'horloge avait été scellée dans le mur.

*

Blandine était son nom.

On lui avait donné ce nom parce qu'elle était blanche, parce qu'elle était douce, et surtout parce qu'elle était gracieuse.

Une demi-minute avant l'heure, Blandine ouvrait elle-même les deux battants de la porte de sa petite demeure; elle s'avançait hardiment jusque sur la plate-forme, saluait les quatre parties du monde; puis, tenant d'une main un tympanon, et de l'autre un petit marteau d'un acier fin et brillant, elle regardait le ciel comme pour prendre les ordres du soleil, et commençait de frapper à intervalles mesurés les coups qui marquaient l'heure. Après quoi, mettant le tympanon et le marteau dans sa poche, elle prenait une viole d'amour qu'elle portait suspendue à son cou par un beau cordon filé d'or et de soie, et en tirait des sons si célestes et si doux, pendant deux minutes au moins, qu'on eût dit sainte Cécile ressuscitée.

On assurait qu'il ne s'était peut-être jamais commis de crimes dans la ville de ***, dont presque tous les habitants passaient pour être bons et humains, et on l'attribuait à cette douce petite musique qui se faisait entendre régulièrement d'heure en heure, et qui ne leur suggérait que d'honnêtes pensées.

Lorsque Blandine avait donné sa sérénade, elle

laissait retomber sa viole, saluait de nouveau, et de la meilleure façon du monde, et rentrait dans sa cellule, dont elle fermait soigneusement les volets. Il y en avait alors pour une heure d'absence, et c'était bien long, car on ne se serait jamais lassé de la voir et de l'entendre, tant elle était avenante et habile musicienne.

Ceux qui aimaient le merveilleux, — pourquoi faut-il qu'on ait tort d'aimer le merveilleux?—ceux-là disaient qu'elle n'était pas ce qu'elle paraissait être, une simple figure de bois, et racontaient qu'elle avait été l'amie, la meilleure amie du mécanicien pendant qu'il fabriquait son horloge, et qu'un jour, voyant son désespoir de ne pouvoir donner de la vie et du mouvement à cette petite figure sculptée avec tant d'art, et qui devait sonner les heures, elle avait vendu sa part de paradis au diable pour qu'il lui fût permis d'animer de son âme l'œuvre de son ami, et que son nom arrivât ainsi à la postérité tout couvert de gloire, pour avoir fait un travail si miraculeux.

Mais on dit bien des choses, et il ne faut pas tout croire. Pourtant, ce qui donnait quelque créance à cette histoire, c'est qu'on savait que la maîtresse de l'horloger s'était appelée Blandine comme la statue, et puis surtout parce que, à certains jours, la petite Blandine de bois paraissait être pour tout de bon une créature animée.

Alors sa figure était plus riante, son sourire plus doux encore, et les sons de sa viole plus suaves et plus mélodieux.

Aussi ces jours-là étaient-ils des jours de fête dans le pays ; et les bourgeois de la ville, en se promenant le matin sur la place de la cathédrale, disaient-ils : « Nous aurons bonne journée ! Blandine est de bonne humeur aujourd'hui, ses yeux sont plus bleus qu'à l'ordinaire, et elle a encore mieux joué que d'habitude. »

Les plus âgés avaient remarqué que l'approche du beau temps exerçait une grande influence sur le caractère assez fantasque de Blandine, et que ses caprices, comme ceux de presque toutes les jolies personnes, avaient souvent une cause puérile, — je dis puérile, mais puérile en apparence seulement, car tout est sérieux, au fond, dans ce monde léger.

*

En voilà assez, trop peut-être de Blandine. Revenons, s'il vous plaît, au petit Job, qui, dès qu'il fut en âge d'aimer, — pour les malheureux cet âge vient de bonne heure, — l'avait aimée d'une si grande amitié, qu'il interrompait toujours son travail et même ses jeux pour venir la contempler quand elle se montrait sur la plate-forme, et qu'un des accords de la viole d'amour suffisait, au plus fort de ses colères d'enfant, pour le calmer et le rendre doux et patient comme un saint, — non comme un saint de chair et d'os seulement, mais comme un des saints de pierre qui ornaient les portiques de la cathédrale.

Il va sans dire que l'amour de Job pour Blandine augmenta avec l'âge, et devint bientôt une grande et véritable passion, une de celles qui ne peuvent avoir de fin, parce qu'il semble qu'elles n'aient point eu de commencement.

Vous croyez peut-être que Job se désespéra une seule fois à la pensée qu'il aimait une petite femme de bois, une statue? Ah bien, oui! est-ce qu'il y a des statues pour les amoureux? Blandine eût été de marbre, elle eût été de fer, elle n'eût su remuer ni les bras, ni les jambes, ni les yeux, elle n'eût su ni marcher ni sourire, elle n'eût eu enfin ni les grâces, ni les articulations qu'elle avait, que le bon Job l'eût aimée tout de même, et ne se fût pas pour cela avisé de penser que, dans cette charmante créature, il se pouvait qu'il n'y eût pas plus de cœur et d'âme et de souffle divin, que dans toute autre poupée. Qu'importe, d'ailleurs, quand il ne s'agit que d'aimer, qui on aime et comment on aime, — le tout étant d'aimer !

Aussi résolut-il tout bonnement de passer sa vie entière auprès d'elle.

*

Sur ces entrefaites, le vieux sonneur mourut. Ce fut un grand malheur pour Job, car l'idée lui vint de supplier l'abbé, qui était devenu curé, de lui faire avoir la place du défunt, donnant pour raison qu'ainsi il ne s'éloignerait ni de ses bienfaiteurs, ni de son église bien-aimée. Mais de Blandine, bien qu'il ne pensât qu'à elle, il ne dit mot ; ce qui montre combien il l'aimait, l'amour vrai étant, de son essence, discret — et même muet.

Mais, dira-t-on, dans la mort du sonneur, le mal fut pour celui qui mourut. Pour Job, où pouvait-il être ? Du moment où il aimait Blandine, tout ce qui avait pour fin de le rapprocher d'elle ne devait-il pas être regardé comme un bonheur pour lui ? Prétendriez-vous dire qu'il faut fuir ce qu'on aime ?

Pour cela, il se peut que la suite de cette histoire nous l'apprenne. Quant à moi, je me garderai bien d'avoir un avis en pareille matière.

Ou bien, — dira-t-on encore, — comment se fait-il que Job aimât Blandine d'un tel amour, qu'il songeât à lui consacrer sa vie? L'amour, d'ordinaire, veut être partagé, et le plus sincère ne vit encore que de retour. La petite sonneuse, la petite joueuse de viole, avait-elle donc de l'amour pour lui?

Certes, voilà une question qui méritait bien d'être faite, quoique, pendant longtemps, il eût été absolument impossible d'y répondre.

Néanmoins, s'il faut le dire, — on est bien crédule quand on aime, — Job osa croire plus d'une fois que le cœur de Blandine, que ce cœur de bois répondait à son cœur; et, quand elle jouait sur sa viole ses plus touchantes mélodies, en jetant sur lui un long regard où se peignait le plus tendre encouragement, cent fois, mille fois, il avait été sur le point d'escalader la plate-forme pour aller jurer à ses pieds de vivre et de mourir en l'aimant. Mais cent fois, mais mille fois, il s'était arrêté, espérant qu'elle le devinerait, et qu'alors peut-être elle l'aiderait à parler, ou même, et pourquoi pas? — qu'elle daignerait parler la première; — ou encore, que, sans parler, ils s'entendraient; ce qu'il eût préféré à tout, la parole gâtant toute chose.

*

Le jour de l'installation de Job comme sonneur arriva, et on le conduisit en grande pompe, à travers les escaliers tortueux, jusqu'à la porte du clocher, dont on lui remit solennellement les clefs.

Sa nouvelle fonction consistait à répéter sur la grosse cloche toutes les heures que sonnait Blandine, et il n'y devait manquer à aucun prix.

En effet, que serait-il arrivé si la petite ville de***, tout entière, avait été trompée d'une heure ? Certes, l'univers en eût été troublé.

Job promit et jura tout ce qu'on voulut, et nul ne mit en doute son zèle et son exactitude, parce qu'on le savait honnête par-dessus tout.

Puis on le laissa seul.

De la place où il était obligé de rester pour sonner les heures, et cette place se trouvait précisément à l'opposé de celle de Blandine, Job entendit bientôt le petit bruit sec que faisaient en s'ouvrant les volets de la cellule, et, peu après, le tintement argentin du tympanon. Il était midi.

Vous dire sa douleur, dès les premiers coups, quand il vit que les devoirs de sa charge exigeaient qu'il tournât le dos à sa chère Blandine, c'est impossible.

Peu s'en fallut qu'il n'abandonnât le poste qui lui était confié ; mais l'honneur — qui est plus

fort encore que l'amour dans un cœur bien placé
— l'enchaînait à sa cloche, et il se résigna donc
à attendre que le dernier coup fût sonné, — pour
répéter à son tour les douze coups qui lui semblaient en être cent mille, et ne devoir finir jamais.

Ils finirent cependant, et Job commença alors de
sonner sa cloche en homme désespéré et avec tant
de violence, qu'on eût dit qu'il voulait la punir de
l'avoir éloigné de celle qu'il aimait.

*

Toute colère éveille le malin esprit. A ces sons
inaccoutumés, et qui résonnaient dans le vieux
clocher, en l'ébranlant jusque dans sa base, les
oiseaux de nuit qui l'habitaient s'éveillèrent et vin-
rent voleter autour du novice sonneur, effleurant ses
beaux cheveux blonds de leurs grandes ailes fauves,
et passant et repassant, et tournoyant autour de lui
comme pour le narguer et insulter à sa peine, qui
cependant était bien grande en ce moment.

Mais, enfin, tout bruit cessa : les chouettes, les
hiboux, les effraies, les hulottes et les chats-huants
s'éloignèrent ; les douze coups allèrent se perdre
dans le passé, et le temps courut de nouveau vers
l'heure prochaine.

*

Les amoureux croient-ils donc que ce soit sans raison qu'on a, de tout temps, représenté l'Amour avec un bandeau? Ne sauront-ils jamais que rien ne gagne, pas même ce qu'on aime, à être vu de trop près; — et que si l'on était sage... — Mais, si l'on était sage, serait-on amoureux?

Job, libre enfin, et furieux d'impatience, laissa là sa cloche et grimpa au plus haut de la plateforme, au risque de se rompre le cou. Il n'avait qu'une pensée, celle de revoir Blandine.

Mais, si prompt qu'il eût été, elle l'avait été davantage, et, quand il arriva, il était trop tard! Déjà elle était rentrée chez elle!

Il fallait attendre, attendre une heure encore. Sait-on attendre quand on est amoureux? Combien attendent cependant — qui attendront toujours!

Puisqu'il le fallait, Job attendit donc; et non-seulement une heure, mais deux, mais trois, mais quatre, et tant et tant, en un mot, que toute cette journée se passa, pour lui, — entre son devoir, qui, à chaque heure, le rappelait à sa cloche, et son amour, qui le ramenait vers Blandine, — à fatiguer l'espérance; car, quoi qu'il pût faire, les heures se succédèrent sans qu'il fût venu à bout d'apercevoir Blandine. Il faillit en devenir fou.

Le pauvre enfant avait bien eu un instant la pensée d'aller frapper à la porte de sa bien-aimée; mais il ne l'osa pas.

Il ne l'osa pas, — tant qu'il fit jour! Mais, enfin, — vint la nuit! la nuit qui aime les amoureux, et sur laquelle, à ce titre, il avait bien le droit de compter.

Quand ce fut minuit passé, Job, tout à la fois tremblant et résolu, s'approcha sans bruit de la petite cellule, — ah! combien son cœur battait! — et là...

Mais, cette fois, ce fut tout ce qu'il put faire, et, se sentant mourir devant cette porte toujours fermée, il s'en retourna comme il était venu, remettant au lendemain à être, non plus amoureux, mais plus brave.

Vous qui riez de Job et de sa timidité, vous n'eussiez pas fait mieux que lui, ou vous n'avez jamais eu à frapper pour la première fois à une porte qui, après tout, pouvait bien ne pas s'ouvrir.

Le lendemain, à la même heure, — j'aurai le courage de le dire, — Job n'en fit pas plus que la veille. Et ce ne fut que le surlendemain qu'il trouva la résolution qui jusqu'alors lui avait manqué. — Pour s'ôter toute réflexion, il courut droit à la porte, et, d'une voix toute frémissante de crainte

et d'amour, il vint à bout d'appeler par trois fois :
« Blandine! Blandine! Blandine! »

*

La vérité est que rien ne lui répondit, qu'un soupir plaintif; mais ce soupir était si doux — et d'une expression si tendre, que le plus timide s'en fût trouvé encouragé et satisfait; aussi Job, ravi et plus heureux et plus riche mille fois qu'il n'avait jamais espéré l'être, crut-il qu'il n'avait plus rien à demander ni à Dieu, — ni même à Blandine, et qu'il n'en demanderait jamais davantage.

Il tomba à genoux, et ce qui se passa dans son cœur, vous le savez si vous aimez, et, si vous n'aimez pas, vous ferez bien d'aimer pour le savoir.

Ce qu'on en sut, du reste, c'est parce que l'amour se trahit toujours de quelque façon.

On assure que le lendemain Blandine enchanta les habitants de la ville par les harmonies charmantes et interminables de sa viole, et que Job sonna sa cloche avec tant d'adresse et d'entente de la musique, qu'on s'arrêtait dans les rues pour écouter l'heure sonner; et il fut décidé que, dans une nuit, il avait laissé loin de lui le vieux sonneur expérimenté, et qu'il pouvait en remontrer à tous les sonneurs du monde.

Pendant six mois et plus, toutes les fois que minuit venait de sonner, Job revint à la même place, et ce fut là tout son bonheur, — bonheur digne d'envie! car, chaque jour, un soupir lui répondait; et ce n'est pas rien qu'un soupir, quand c'est celui qu'on attend.

*

Voulez-vous donc savoir où habita le bonheur pendant cette demi-année, que personne peut-être ne put le rencontrer ailleurs? Il s'était réfugié dans ce clocher et s'y cachait à tous les yeux. Pourquoi n'y resta-t-il pas, sinon parce qu'il est inconstant, et que souvent il s'en va de lui-même et d'où il est le mieux, — sans qu'on en sache la raison?

*

Jusqu'ici je me suis contenté, historien fidèle, de parler de Job et de sa vie, sans presque risquer un jugement sur ce qu'il faisait ou ne faisait pas; mais qu'on me permette enfin de le blâmer, quoiqu'il m'en coûte, et de dire qu'il eut bien tort de ne pas se contenter du bonheur qu'il avait.

Pour moi, si j'étais heureux, — et il se peut que

je ne le sois pas, — j'aurais grand soin de mon bonheur — si petit qu'il fût, et grand'peur de le compromettre, en voulant l'augmenter.

Le cœur n'a d'infini que le désir; — aussi doit-on croire qu'en toutes choses, et surtout quand il s'agit d'aimer, il est sage de rester à mi-route, aucun but ne pouvant être complétement atteint par nous en cette vie.

Mais chacun sait qu'il y a mille manières de raisonner sur un même sujet, et, comme Job raisonnait en amoureux, ce qui est la pire de toutes les manières de raisonner, il était bien loin de penser comme moi sur tout ceci; car, chaque jour, le soupir de Blandine lui paraissait devenir plus tendre.

Un jour, jour heureux! — jour fatal! ce soupir sembla lui dire tant de choses, que le pauvre enfant, emporté par la violence de la passion, eut le courage, dans son délire, — de frapper à la petite porte en s'écriant de toutes les forces de son âme :

« Blandine, m'aimes-tu? Blandine, aime-moi! »

Alors, dit-on, se vit ce qu'on n'avait jamais vu; car — contre toutes les lois de la science — la porte s'ouvrit!... et Blandine parut sur le seuil.

Elle aimait Job.

Mais, au moment même où celui-ci, éperdu, ivre de joie, se précipitait dans la petite cellule, la cloche — chose effrayante ! — se mit à sonner toute seule, et, dans le silence de la nuit, son glas était si lugubre, que les habitants de la ville de***, épouvantés, se réveillèrent en sursaut, croyant qu'il s'agissait tout au moins de la fin du monde. Ce n'est pas tout ! presque au même instant, un bruit terrible, plus terrible que celui du tonnerre, éclata au-dessus du vieux clocher, et l'horloge merveilleuse s'écroula — brisée en mille pièces !

Le lendemain, quand le jour parut, et que les habitants de la ville de***, revenus de leur terreur profonde, se hasardèrent à pénétrer dans l'intérieur de l'église, on ne retrouva pas le plus petit vestige de cette horloge qui avait fait la gloire de leur contrée, — et de Blandine encore moins, — et de Job, pas davantage.

Ce qu'on regretta le plus dans le pays, naturellement, ce fut l'horloge, — et aussi un peu Blandine, — à cause de sa viole.

Quant à Job, quelques bonnes âmes plaignirent sa triste destinée ; on s'occupa de lui pendant huit jours ; — après quoi, on l'oublia ; on le savait mort, et tous les souvenirs ni tous les regrets du monde ne l'eussent pas ressuscité.

Heureux Job, en ceci! Combien, en effet, qui ne sont pas morts, — et qui déjà sont oubliés!

Conclusion.

Il va sans dire qu'il se fit, pour expliquer ce désastre, plusieurs versions dans la ville de***.

La plus répandue, parmi les bonnes femmes, fut celle-ci : à savoir que Blandine, qui aimait éperdument le petit Job, l'ayant reçu dans sa cellule, oublia tout! et même de sonner l'heure! Ce qui, aux termes de son pacte avec le diable, devait donner à Satan plein pouvoir sur elle; aussi n'aurait-il pas manqué, dit-on, de l'emporter au fond des enfers avec son amoureux!

Quant à moi, je ne crois point à cela et je n'y veux point croire. J'aimerais mieux penser, dans tous les cas, que Dieu, dont la bonté est infinie, n'aurait point abandonné ainsi, au dernier moment, le pauvre Job et la belle Blandine, — aimer n'étant point un si grand crime.

Je penserais plutôt, avec ceux qui expliquent tout,

que le mécanicien — jaloux de son œuvre — avait, en effet, comme certains chroniqueurs l'attestent, construit son horloge merveilleuse de telle sorte, qu'au moyen d'un ressort secret qui aboutissait à la plate-forme la machine devait infailliblement se disloquer tout entière au moment où un autre que lui mettrait le pied dans la cellule de Blandine ; ce qui expliquerait suffisamment la catastrophe que je viens de raconter, — à moins pourtant qu'il ne soit plus vrai de dire, avec quelques autres, que Job, furieux de voir qu'il n'avait eu affaire qu'à une statue, et qu'en vain il chercherait un cœur dans cette trompeuse image, détruisit lui-même son idole et s'ensevelit avec elle sous les ruines de l'horloge.

Si cette version est la bonne, — Job eut tort peut-être, et, pour sûr, il n'eut pas raison ; — il ne faut jamais brûler ce qu'on a adoré, l'idole fût-elle de bois. D'ailleurs, n'y a-t-il donc que les statues qui n'ont pas de cœur en ce monde ? et où en serions-nous, grand Dieu ! si tous les amoureux déçus devaient se venger de la sorte ?

XI

Où il est question de Loth et de sa femme. — Opinion d'Arlequin appuyée par le bedeau de la paroisse.

Les longues histoires ont ceci de bon, qu'elles disposent merveilleusement au sommeil. Quand celle-ci fut finie, il était tard. Chacun éprouvant le besoin de se mettre au lit, toute la compagnie se leva, et nous fûmes bientôt seuls, Jacques et moi, devant nos verres.

Comme j'ai résolu de ne point mentir, j'ajouterai qu'on les avait remplis si souvent, qu'autant qu'il m'en souvient je ne voyais guère Jacques qu'à travers un nuage. La table tournait; nos verres venaient s'offrir d'eux-mêmes à nos lèvres et bondissaient autour de nos têtes.

Jacques ne disait mot; sa bonne humeur avait disparu et il avait repris sa figure de fantôme.

« A quoi penses-tu ? lui dis-je.

— Je pense, me dit-il, que ce conte bleu est mon histoire, et que j'ai été aussi naïf que le petit Job.

— Quoi ! répliquai-je, tu aurais aimé une statue ?

— Toutes les femmes sortent un peu de Sodome, me répondit-il ; quel que soit donc le chemin qu'on ait fait avec elles, il arrive toujours qu'à un certain point de la route on s'aperçoit que celle-là même qu'on avait placée à côté des anges s'est, comme la femme de Loth, changée en statue.

— Allons, allons, dit le personnage qui avait raconté l'histoire de Job, et qui était rentré sans que nous l'eussions remarqué, l'aventure de Loth ne prouve rien. La femme de ce patriarche fut une exception ; les femmes ne regardent jamais derrière elles. Tous les torts, dans cette vieille histoire, sont du côté de Loth, d'ailleurs. Quand un mari tient à empêcher que sa femme se perde, il la fait marcher devant lui. La Genèse est sèche à l'endroit de cette pauvre femme. Elle consacre deux lignes à peine au récit de sa très-petite faute et de son effroyable punition, et se tait si complétement sur l'effet qu'aurait dû produire sur le mari le malheur arrivé à sa compagne, que j'ai toujours pensé que Loth ne fut pas fâché d'être veuf. »

S'adressant alors plus particulièrement à Jacques :

« Si vous êtes amoureux, tant pis pour vous! Quoiqu'il-vienne-du ciel, et qu'on meure rarement de ses brûlures, l'amour est un feu qu'on doit craindre ; et dût-on, nouveau Prométhée, animer une nouvelle statue, il faudrait encore se garder de le dérober, la boîte de Pandore pouvant se rouvrir à toute heure.

« De tout ce qui a été dit depuis ce matin il ne résulte rien, sinon que, tant qu'il y aura une femme, il y aura quelque chose de nouveau à dire sous le soleil ; et il n'en faut rien conclure non plus, sinon qu'elles ne sont point parfaites, ce dont je trouve qu'on aurait grand tort de se plaindre, mon opinion étant que, si elles l'étaient, nous serions obligés de les aimer fidèlement, ce qui pourrait bien être au-dessus de nos forces.

— Pour moi, dit en se levant le bedeau de la paroisse, qui n'avait encore rien dit, je suis ce soir de l'avis d'Arlequin, et je me sens disposé à soutenir avec lui que l'univers irait bien mieux s'il n'y avait ni hommes ni femmes. Allons nous coucher. »

XII

Visions.

Mais — et sans doute le sort jaloux avait décidé qu'il en serait ainsi, au lieu de dormir de ce tout-puissant sommeil qui, selon l'expression des poëtes, suspend les misères, parce qu'il est le frère de la mort, j'eus le malheur de rêver; ce qui, à tout prendre, est aussi fatigant que de vivre, quand le rêve n'est pas bon.

D'abord, tout alla bien, et mon songe, sans être doré, semblait être cependant un de ceux qui sortent par la porte d'ivoire; car je rêvais de Marie, et je la voyais dans le petit bois qui avoisine la maison de sa mère, assise au pied de notre arbre favori et pleurant à chaudes larmes.

Et quoi! dira-t-on, oses-tu bien appeler ceci un bon rêve?

Lecteur, sois sincère, et conviens avec moi que, si tu étais séparé de celle que tu aimes, tu ne serais pas fâché d'apprendre qu'elle se morfond à t'attendre et qu'elle fait, comme la triste Fleur-d'Épine, de ses yeux deux fontaines.

Mais bientôt — était-ce la porte de corne qui s'ouvrait? — ce beau songe se gâta. Ce n'était plus moi que Marie cherchait, ce n'était plus moi qu'elle attendait, qu'elle rencontrait, qu'elle pleurait dans ce petit bois où chacun de ses regards aurait dû retrouver mon souvenir; et elle disparaissait, non seule et triste comme je l'avais vue d'abord, mais gaie, joyeuse et infidèle, avec un jeune et beau cavalier qui m'avait remplacé dans son cœur.

Mon âme troublée ne me montra plus alors que d'affreuses visions auxquelles une nourrice elle-même n'aurait pu trouver aucun sens.

Dans celui qui m'avait ravi ma fiancée, je crus tout à coup reconnaître Jacques lui-même. N'écoutant que ma fureur, je tournais contre lui mon épée, et le traversais de part en part. Heureusement, il n'en mourait pas. Bientôt après, j'avais la satisfaction de le retrouver en parfaite santé et assis tranquillement auprès de son propre cadavre, de façon que je le voyais à la fois mort et vivant.

Après quoi, mon lit fut transporté, sans que je susse comment, auprès d'une vieille tour en ruine, et de la porte de cette tour sortait une interminable procession de graves personnages qui me saluaient en passant avec une politesse glaciale qui m'épouvantait.

A ceux-là succédait un groupe de hideuses figures dans lesquelles j'avais la douleur de reconnaître un grand nombre de mes amis qui ricanaient en me regardant.

Puis, autour de moi, se formait peu à peu une ronde de fantômes dont les traits, irrités ou moqueurs, me rappelaient les femmes qui avaient occupé autrefois ou mon cœur ou mes sens.

« Adieu, beau fiancé! me disaient les unes d'un ton railleur.

— Ta femme nous vengera! disaient les autres.

— Malheur à l'innocente Marie! disait celle-ci.

— Tu la quitteras comme tu nous as quittées! s'écriait une autre.

— Comme nous, elle pleurera; comme nous, elle se consolera, s'écriait » le chœur infernal.

Je n'en finirais pas si je voulais tout dire,

XIII

La vie et la mort.

Bientôt, ces images s'effacèrent et firent place à une vision dont la netteté mit le comble à mon épouvante.

Je me trouvai avec Jacques au pied d'une haute montagne, et je vis venir de loin, par deux chemins dont l'un aboutissait à ma droite, et l'autre à ma gauche, deux femmes de haute taille, qui s'avançaient vers nous d'un pas égal.

Toutes deux me parurent belles et pleines de majesté; seulement, je remarquai que les fleurs naissaient, que les prés verdoyaient et que les arbres se couvraient de feuilles et de fruits sur le passage de celle qui était à ma droite, — tandis que la terre se séchait sous les pas de l'autre, comme si elle eût traîné après elle la destruction.

Et elles se ressemblaient tellement, qu'on aurait pu les prendre l'une pour l'autre, si la première — qui était la Vie — n'avait eu les lèvres aussi roses que l'autre — qui était la Mort — les avait pâles et froides.

Et, à mesure qu'elles approchaient, je me sentais saisi d'une indicible angoisse.

Quand elles furent à quelques pas de nous, celle qui était la Vie, se mettant entre la Mort et nous :

« Je t'arracherai cette proie, dit-elle ; ces deux enfants sont mes enfants chéris : ils ne veulent pas mourir encore !

— A t'en croire, répondit la Mort en écartant son voile et en découvrant tout à fait son visage, qui nous apparut à la fois terrible et charmant, la Mort ne saurait être aimée. Oublies-tu donc que les plus illustres de tes fils, las d'attendre en vain sur cette terre l'effet de tes stériles promesses, t'ont quittée pour me suivre, et que j'ai trouvé en eux des amants passionnés !

— Hélas ! hélas ! s'écria la Vie.

— De tous les points de ce vaste empire, reprit la Mort, je m'entends appeler ; et ceux qui m'appellent..., ce sont tes enfants, ceux-là mêmes auxquels, jour par jour, tu partages en bonne mère l'inépuisable trésor de misères dont tu disposes, sans oublier, dans la part de chacun, le mal horrible de l'espérance, ce mal du lendemain, dont le remède n'est qu'en moi. »

Et, se tournant alors vers nous :

« Tout ce qui a été créé, dit-elle, a été créé pour vivre et pour mourir; — l'heure de mourir est venue : allons, Franz! allons, Jacques!

— Quand j'aurai revu celle que j'aime! m'écriai-je.

— J'espère encore, murmura Jacques à son tour.

— Tu le vois, dit la Vie, ils ne veulent pas mourir. O Mort! laisse-toi fléchir. »

Et, alors, la terrible déesse, ayant jeté sur nous un regard de pitié ou de dédain :

« La Mort, l'inévitable Mort peut attendre, » dit-elle.

Et elle s'éloigna.

Cependant la Vie, nous prenant par la main, et nous montrant les sentiers fleuris qu'elle venait de parcourir, et les campagnes cultivées, et les moissons qu'elles promettaient :

« C'est par ici qu'il vous faut marcher, nous dit-elle, — et non par là! »

Et, du doigt, elle nous désignait les sombres routes dans lesquelles s'était engagée sa redoutable compagne, et nous vîmes avec horreur qu'elles étaient couvertes de morts et de mourants, tristes époux que déjà la Mort avait laissés derrière elle.

XIV

Embarras à la suite d'un incendie.

O pouvoir des rêves! la Mort elle-même n'eut pas plutôt disparu dans un gouffre béant, que je ne pensai plus à elle.

J'avais tort pourtant, car elle n'est jamais loin.

Des cris « Au feu! » se faisaient entendre, et les clameurs du dehors m'avertissaient assez qu'il n'y avait pas une minute à perdre. Déjà la fumée nous enveloppait et les planchers disjoints craquaient sous nos pas. Je n'eus que le temps de réveiller Jacques, et nous nous échappâmes à grand'peine par la porte de la basse-cour.

De tout temps nous avions arrêté que dans nos courses, quelles qu'elles fussent, le hasard, cette providence des gens qui n'ont rien de bon à faire, serait notre guide suprême, et que, pour n'avoir jamais à nous inquiéter de notre route, nous irions toujours tout droit devant nous, — tout chemin, pourvu qu'il ait une issue, étant bon pour des gens qui voyagent sans but, et, si l'on veut, sans raison.

Si cette imprévoyance avait besoin d'excuses, nous pourrions la justifier par de fameux exemples.

Énée, après la ruine de Troie, s'embarqua avec ce qui restait de ses compatriotes, sans savoir où les vents le pousseraient, et demanda au hasard de lui indiquer où il devait fonder sa ville nouvelle :

Incerti quo fata ferant, ubi sistere detur.

Et, après le héros troyen, un héros non moins illustre, don Quichotte, sorti un matin de chez lui par une porte de derrière, se trouva par un soleil ardent dans la plaine de Monciel, sans savoir plus qu'Énée où il allait, et sans s'en embarrasser plus que nous.

Quoi de plus triste, en effet, qu'un voyage dont on sait le terme ? Avant d'être à Rome, vous serez las de Rome elle-même, si Rome est sans cesse devant vos yeux ; et, d'ailleurs, puisqu'il n'est que trop certain que tout chemin y mène, à quoi bon choisir? pourquoi s'ôter le bénéfice de cette question : « Où sommes-nous? »

Or, nous nous trouvions à l'embranchement de deux routes.

Laquelle prendre? et pourquoi celle-ci plutôt que celle-là?

Cette difficulté avait bien été, jusqu'à un certain point, prévue par nous. Il avait été sagement décidé que, si elle se présentait, ce serait à nos chevaux à la résoudre, et, certes, on ne pouvait faire plus raisonnablement que de s'en rapporter au jugement de deux bêtes aussi éprouvées.

Chose étrange! Par un entêtement dont nous étions loin de croire capables des animaux aussi parfaitement unis que les nôtres, le cheval de Jacques s'obstinait à aller à droite, tandis que le mien s'obstinait à aller à gauche.

« Voilà qui est singulier, me dit Jacques, et véritablement embarrassant.

— Hélas! lui dis-je, qu'allons-nous faire?

— Supposons, me dit-il, que nous soyons en mer; faisons comme les marins : au lieu de regarder à nos pieds, levons les yeux, et cherchons là-haut notre chemin. Tout le monde, dit-on, a son étoile, bonne ou mauvaise; ayons une étoile, qu'elle soit notre but, et marchons vers elle. »

M'ayant alors montré une grosse étoile qui brillait entre toutes les autres d'un éclat incomparable :

« Voilà notre étoile ! » dit-il.

Il avait à peine parlé, que, soudain, l'astre qu'il avait désigné, jetant une lueur extraordinaire, se détacha du ciel, glissa dans l'espace, où il traça comme un sillon d'argent, — et s'y perdit !

XV

Ce qu'étaient les étoiles du temps de ma mère.

Je ne sais personne qui puisse être à de certaines heures plus superstitieux que moi. — Si je le dis, ce n'est pas que je m'en vante. Mais, à aucun moment de ma vie, une étoile, voire une étoile qui file, ne sera pour moi une chose indifférente.

Et voici pourquoi.

Je me rappelle que, quand j'étais un petit garçon, j'étais fou de tout ce qui est au ciel. Je n'avais qu'à lever les yeux pour y voir des légions de séraphins aux doux regards, aux ailes de feu; tout ce que j'y voulais voir, en un mot, je l'y voyais.

Aujourd'hui, il m'arrive bien encore de regarder là-haut, et d'y chercher ce que j'y trouvais alors;

mais, ma vue est-elle moins bonne? ces visions bien-aimées, mon œil ne les atteint plus!

Je parle de mon enfance; c'est aux étoiles qu'il faut que j'arrive, et, auparavant, il faut que je prononce le nom de ma mère.

J'avais alors une bonne, et tendre, et pieuse mère, que je n'ai plus; elle me mena un soir à la fenêtre, un soir que j'avais été tout à fait sage; et, me montrant la belle nuit qu'il faisait, et les belles étoiles qui l'éclairaient à l'envi, elle me raconta que ces belles étoiles étaient les yeux des anges, qui, de là-haut, veillaient la nuit sur le sommeil des enfants dociles, et que, plus les enfants avaient été dociles, plus les yeux des anges s'illuminaient au ciel de joie et de contentement.

C'était là un de ces contes que les mères font à leurs enfants, et que les enfants, — qui ont le bonheur de tout croire, — accueillent avec avidité. Aussi, quand venait le soir, et que je me sentais sous ces brillants regards, je devenais, comme par enchantement, le plus obéissant, et (on me l'a dit) le plus aimable petit garçon qui se pût voir. — Si le sang, si l'âge m'emportaient : « Les anges te regardent, me disait ma mère, prends garde! » Et je prenais garde, pour ne point fâcher les anges.

Ces chères étoiles, comment en parler dignement ? tout éloge qu'on ferait d'elles n'est-il pas insuffisant ? Les poëtes en ont fait de la poussière d'or, il les ont comparées à tout, au diamant, que sais-je encore ! Il n'y a point de bonne comparaison. Roméo les a comparées aux yeux de Juliette : « Si tes yeux, lui disait-il, prenaient la place des deux astres les plus brillants des cieux, on ne s'apercevrait pas de l'absence de ces astres, et les oiseaux chanteraient toute la nuit sous la feuillée. » On a dit aussi qu'elles étaient les fleurs du firmament. Pour l'amour des fleurs et pour l'amour des beaux yeux, j'admettrais ces deux comparaisons de préférence à toutes les autres; mais, pourtant, les fleurs se fanent, et les étoiles, si elles sont des fleurs, sont des fleurs qui ne se fanent point : leur printemps là-haut est éternel. Et, quant aux yeux, il arrive aux plus beaux de se fermer un jour, pour ne plus se rouvrir, tandis que chaque soir voit se parer d'un éclat nouveau les doux astres de la nuit.

Toujours est-il que ce que ma mère m'avait dit des étoiles me les avait rendues sacrées, et que je les aimai passionnément jusqu'au jour où, voulant les aimer davantage, je me mis à suivre un cours d'astronomie à l'université de ***.

Que ne perd-on pas à s'instruire ! et qu'il ferait bon souvent avoir les yeux fermés !

Que devins-je quand j'appris que mes belles petites amies n'étaient ni plus ni moins que de gros détestables mondes comme le nôtre, des mondes où il y a peut-être aussi, qui sait ? des universités et des observatoires !

A partir de ce jour, les étoiles ne furent plus pour moi que le souvenir, que l'ombre de ce qu'elles avaient été d'abord.

Mais il faut respecter les souvenirs, ces tristes restes, ces ombres chéries du passé.

Je fus donc contrarié de voir que l'étoile, dans laquelle Jacques avait mis notre confiance, avait filé.

« Qui eût pu croire, dis-je à Jacques, qu'un astre de si belle apparence fût si près de sa fin ? Quel chemin prendre après un si triste présage ?

— Je ne vois qu'un moyen de sortir d'embarras me répondit-il : allons à travers champs. »

L'idée nous plut, et nous partîmes !

XVI

Menus propos sur les femmes à l'occasion d'une bergère.

Je pensais au berger, à l'incendie, aux étoiles, quand mon cheval, qui rasait la terre presque sans la toucher, s'étant arrêté court, je fus en une seconde lancé dans l'air d'abord, et, de là, dans l'eau. N'allez point à travers champs, cher lecteur; rien ne vaut un sentier bien battu.

J'en avais à mi-corps, et j'étais tombé la tête la première.

Quand je fus au fond, j'eus le bon esprit de me rappeler à mon tour ces deux autres vers du divin chantre de Roland, qui paraissaient avoir été faits exprès pour moi. « Il faudrait être bien obstiné pour ne pas crier merci, quand on a de l'eau jusqu'à la ceinture. » Et, dès que je fus revenu à la surface, j'employai toutes mes forces à appeler Jacques à mon aide. Mais son cheval l'avait emporté sur une haute montagne, d'où il ne pouvait que me voir, sans m'entendre, et, quand il reparut, je venais de mener à fin la grande entreprise de me débarrasser des plantes aquatiques qui paralysaient l'action de mes membres et de sortir de l'eau.

J'étais trempé, mes habits étaient hors de service ; il fallut retourner sur nos pas. De toutes les manières de marcher, reculer est la pire.

Je me rendis chez le plus célèbre bottier et chez le tailleur le plus en renom de la petite ville que nous venions de quitter. Ils m'habillèrent de leur mieux, et nous repartîmes, non plus en courant, comme nous l'avions fait, mais pas à pas et tout doucement, comme le roi d'Yvetot.

> Rien ne sert de courir, il faut partir à point.

En repassant devant l'auberge d'où l'incendie nous avait chassés, nous revîmes, assis sur des ruines encore fumantes, le berger auquel Jacques avait sauvé la vie. Mais, cette fois, il n'était pas seul ; aussi avait-il l'air le plus heureux du monde, bien que de sa maison il ne restât guère que le seuil sur lequel il se tenait, et que tout autour on n'entendît que plaintes et gémissements.

A côté de lui était une charmante fille, dans laquelle nous reconnûmes avec étonnement celle-là même dont, la veille, la trahison l'avait mis à deux doigts de la mort.

Quand il nous vit venir à lui, il détourna un instant la tête, comme s'il eût eu honte de nous montrer sa faiblesse. Mais, néanmoins, nous voyant approcher :

« J'ai tout oublié, nous dit-il.

— Et tu as bien fait, lui répondis-je; le repentir vaut presque l'innocence. »

La bergère, m'entendant, se leva, et me fit une gentille révérence; et l'heureux berger, s'adressant à Jacques :

« Hier, lui dit-il, vous m'avez retiré de l'eau, et j'ai eu peine à vous pardonner; aujourd'hui, je vous remercie.

— Et demain, mon bon garçon, lui dit Jacques, que feras-tu ? »

Là-dessus, nous nous quittâmes.

« Qui donc réunirait deux êtres qui se sont aimés, si ce n'était le malheur ? dis-je à mon compagnon.

— Il y a une raison à tout, me répondit-il; seulement, on ne la connaît pas. Voilà un garçon auquel il ne manquait apparemment, pour qu'il plût à sa maîtresse, que de s'être jeté à l'eau pour elle et d'être ruiné.

« Après tout, ajouta-t-il, ce qui fait qu'on peut pardonner à beaucoup de femmes de n'avoir pas le sens commun, c'est que c'est souvent le cœur qui est le fou de leur maison. Ces deux bergers étant vraiment deux bergers parfaits, je comprends que la pauvre fille, dans l'embarras du choix et en l'absence de tout docteur qui pût décider la question, les ait aimés tous deux. Qui sait! il y a peut-être un cœur constant dans cette femme infidèle.

— J'avais tout à fait oublié le second berger, dis-je à Jacques.

— Sois tranquille, reprit-il; tout le monde ne l'oubliera pas, et celle qui vient de l'abandonner l'oubliera moins qu'une autre. Les femmes n'oublient jamais complétement ceux qui meurent de leur main. J'en sais qui tueraient volontiers leur amant pour être sûres de le pleurer toujours. Elles ne nous trahissent que par raffinement et pour connaître les voluptés du regret. Celles qui, après une victoire ou une défaite, se hâtent, ainsi que les peuples barbares, d'enterrer leurs morts pour qu'il n'en soit plus question, ne sont pas des femmes : ce sont des drôlesses, des sépulcres blanchis, qui n'ont plus rang dans l'espèce humaine.

— Allons, allons, lui dis-je, pensant à ma fiancée, il y a encore des femmes qui ne tuent, ni n'enterrent, ni n'oublient personne, pas même ceux qui mériteraient d'être oubliés. Tu as sur le cœur ta statue. »

Ici, mon bon Jacques poussa un gros soupir.

Rien n'est plus opiniâtre qu'une passion invétérée.

Il est plus facile d'allumer un feu que de l'éteindre. L'incendie, dont la cause était une étincelle tombée de la pipe d'un palefrenier, n'avait pas détruit que l'auberge. A quelques pas de là, il y avait encore des ruines, et, à côté, de pauvres vieilles gens et des enfants qui se lamentaient et pleuraient comme s'ils eussent dû pleurer toujours.

« Que les enfants pleurent, dit Jacques, qui était en veine de raison ou de dureté, c'est souvent tout un, cela se comprend : ils ont encore toutes leurs larmes; mais de vieilles gens devraient-ils se croire inconsolables, eux qui se sont si souvent consolés? »

C'est en causant ainsi, et encore autrement, que peu à peu nous fîmes le tour de l'Europe.

XVII

Heureuse rencontre que nous fîmes de l'homme au grand chapeau.

Nous avions à peine passé le Rhin, que nous rencontrâmes un homme assis au bord d'un fossé. Dès qu'il nous eut aperçus, il fit quelques pas vers nous; et, après nous avoir regardés avec attention, voyant sans doute que nous n'étions pas les personnes qu'il semblait attendre, il fit mine de se retirer.

Ce qui nous avait le plus surpris dans son action, c'est que, quoiqu'il eût l'air d'un homme bien élevé, au lieu de nous saluer comme il eût été poli de le faire, il avait, au contraire, en s'approchant de nous, affermi de ses deux mains, sur sa tête, le large chapeau qui la recouvrait.

Lorsque nous fûmes tout près de lui, lisant sans doute notre étonnement dans nos yeux, il nous dit :

« Si je ne vous salue pas, messieurs, veuillez m'excuser, mais il fait du vent en ce moment, et, si j'ôtais mon chapeau, le peu d'idées qui me restent pourrait bien s'envoler.

— Mon cher monsieur, lui dit Jacques, qui ne put s'empêcher de sourire à ce propos, vos idées sont-elles donc enfermées dans la forme de votre chapeau, et non dans votre crâne, comme celles de tout le monde?

— Si vous riez, répondit l'homme au grand chapeau, c'est que vous n'êtes point philosophe : il m'est donc permis de croire que nous pourrons nous entendre; je vous répondrai alors que ce que vous dites est plus vrai que vous ne pensez, et que mon chapeau seul recouvre, en effet, mes idées. Si vous êtes curieux d'en apprendre davantage, je vous conterai mon histoire, et pourquoi il m'est désormais interdit de saluer qui que ce soit.

— Nous vous écouterons volontiers, lui dit Jacques.

— Asseyez-vous donc là, à mes côtés, reprit-il; car, pour moi, j'ai résolu de ne pas aller plus loin et d'attendre ici celui que j'ai cherché inutilement dans tout l'univers. Un Persan a dit : « Quand tu te seras fatigué dans une poursuite vaine, assieds-toi sur le bord d'un fossé et attends que celui que tu as poursuivi vienne à toi. »

XVIII

Histoire de l'homme au grand chapeau.

> Le nombre des fous est infini.
> — Montaigne. —
>
> D'aucuns sont devenus fous par trop de sagesse.
> — L'Ecclésiaste. —

Dès mon bas âge, dit-il, j'eus du goût pour l'étude; aussi je savais à peine lire couramment, que mon père, qui était professeur de philosophie dans un collége de province, me fit étudier la métaphysique; si bien, qu'à un âge où les autres enfants savent déjà jouer à la balle ou au cerceau, je ne savais rien, sinon discuter sur le mode et la substance, c'est-à-dire sur le connu et l'inconnu, si tant est que l'un soit plus connu que l'autre.

Je vous dirai en passant que, si l'étude avait singulièrement étendu mes connaissances, elle m'avait, en revanche, rendu très-impropre à tous les soins de la vie ordinaire; de façon que, tout en étant un garçon instruit, j'étais en même temps l'être le plus maladroit et, par conséquent, le plus malheureux qu'on pût voir, l'action la plus simple étant pour moi l'occasion de mille gaucheries et de mille déconvenues.

Les grandes choses se prouvent par les petites. Si vous souhaitez savoir jusqu'à quel point je pouvais être à plaindre, du moment où c'était à mes mains et non à mon esprit que j'avais à demander le moindre service, il me suffira de vous dire que, dans mon enfance, je n'ai pas eu dans les doigts une seule tartine, soit de beurre, soit de confiture, sans qu'elle soit tombée sur la page du livre que je lisais, et toujours, remarquez-le bien, du côté qui pouvait gâter en même temps et le livre et la tartine.

Non, pas une seule! dit-il avec un geste douloureux que je n'essayerai point de traduire.

Plus tard, continua-t-il, ma gaucherie s'accrut encore, et la fortune se mit si ouvertement contre moi, que chacun de mes efforts, quel que fût son but, avait un résultat contraire à celui que je me proposais, et qu'il suffisait, en un mot, que je voulusse une chose pour qu'elle tournât à mal.

*

Je ne vous en citerai qu'un exemple qui, m'a-t-on dit, est devenu fameux. Il mérite de le devenir.

Il m'arriva un jour, je ne sais comment, d'être amoureux ; je crois du moins l'avoir été, et que c'est le seul nom qu'on puisse donner au sentiment qui s'était alors emparé de moi. La jeune personne que j'aimais se maria, et elle fit bien ; car je ne lui avais jamais dit un mot de ma passion, et, ne se fût-elle pas mariée, je n'aurais jamais osé la lui déclarer.

Quand je pense qu'il y a des hommes assez hardis pour regarder une femme en face, pour l'aborder, pour lui serrer la main et pour lui dire, sans mourir de frayeur : « Voulez-vous m'épouser? » je ne puis m'empêcher d'admirer jusqu'où peut aller l'audace humaine.

La jeune personne que j'aimais était ma voisine, et, de ma fenêtre, qui se trouvait en face de la sienne, je la voyais tous les jours coudre, broder et tricoter, quand il m'arrivait de quitter des yeux les livres dans la lecture desquels j'étais d'ordinaire absorbé. Je dois ajouter que j'avais grand soin de ne la regarder que quand elle avait les yeux baissés sur son ouvrage, tant j'aurais craint d'être aperçu par elle.

Mais je la regardais!... et, pour tout dire, j'y trouvais un charme secret. La preuve en est, c'est que, le jour où elle se maria, comme elle quitta la maison pour suivre son mari, il me sembla si dur de ne plus voir personne à cette fenêtre, que je ne pus lire une ligne de toute la journée, ni penser à autre chose, ni détacher mes yeux du carreau à travers lequel j'avais coutume de l'apercevoir.

Le lendemain, sentant bien que mon désespoir était à son comble, je songeai, — ainsi que mes livres m'avaient appris qu'il était permis et même glorieux de le faire dans ces sortes de circonstances, — je songeai à me délivrer volontairement de l'existence, qui n'était plus pour moi qu'un fardeau.

« La vie n'est point un chemin sans issue, me dis-je; on peut donc en sortir. »

Je me disais bien encore que j'étais un peu jeune pour mourir, et que c'était quitter bien tôt la partie; mais je me répondais que, si la mort est le complément de la vie, du moment où l'on meurt, on a toujours assez vécu. J'en appelais, d'ailleurs, à la philosophie pour m'encourager à en finir. Et je m'écriais avec un sage : « On a vu des gens se trouver bien de mourir, et on n'en a point vu qui se soient plaints d'être morts. Mourons donc ! »

Mais sachant combien les entreprises les plus ordinaires étaient pour moi choses difficiles, je résolus de m'entourer dans ce dernier acte de tant de soins et de tant de précautions, que rien de ce que la prudence d'un simple mortel pouvait prévoir ne pût le troubler.

*

Je pris donc à la fois une corde, un pistolet et du poison, et je me rendis, en outre, sur le bord de l'eau, pour y chercher un lieu propre à exécuter mon dessein. Je m'arrêtai bientôt devant un arbre dont une des branches, s'avançant presque au milieu du fleuve, qu'elle couvrait en partie de son vert feuillage, favorisait singulièrement mes projets ; et, ayant fixé à cette branche la corde que j'avais appportée, je bus le poison dont je m'étais muni, je me passai autour du cou la corde qui se balançait au-dessus de l'eau, et, quand je sentis qu'elle commençait à me serrer :

« Amour ! m'écriai-je, contemple ton ouvrage ! »

Puis, levant le bras, j'appuyai sur mon front le canon de mon pistolet, que j'avais eu le soin de charger de deux balles.

Je pressai alors la détente, et le coup partit !

O destins toujours ennemis ! je n'étais pas mort !

La charge du pistolet, que je tenais d'une main inexpérimentée, passant à quelques lignes de ma tête, était allée couper, en sifflant, la corde qui me tenait suspendu au-dessus de l'abîme, et je me sentis tomber.

« Qu'importe ? me dis-je, on peut se noyer dans une rivière ; et, d'ailleurs, à défaut du reste, ne puis-je compter sur le poison que mon sein renferme ? »

Je perdis alors toute connaissance, — et, pour le coup, je me croyais mort et bien mort, quand je me retrouvai sur la rive, où le courant m'avait rejeté. Je m'aperçus, en outre, que l'eau, que j'avais avalée en grande quantité, m'avait débarrassé du poison, — ma dernière ressource contre la vie !

*

En ce moment, le soleil était au milieu de sa carrière ; ses rayons, tombant d'aplomb sur moi, m'enveloppèrent tout entier, et firent rentrer dans mon cœur la chaleur qui avait failli l'abandonner. Je me dis alors que j'en avais fait assez pour l'amour, et, bien décidé à ne pas songer davantage à cette plus belle moitié du genre humain à laquelle

Platon et un concile ont successivement refusé une âme, je revins tranquillement chez moi, — où je retrouvai, non sans plaisir, mes chers livres ouverts à la page même que je n'avais pu achever la veille. J'y lus ce qui suit :

> Fortius ille facit qui miser esse potest.

« Il a bien plus de courage, celui qui sait être malheureux. »

La philosophie a cela de bon, qu'elle justifie tout, et qu'elle a une petite phrase pour toutes les circonstances.

Il y a des gens pour lesquels l'amour est un ciel bleu, ou rose ; — pour moi, comme vous voyez, ce fut une tempête, ou, pour être plus vrai, une bourrasque.

A partir de ce jour, je n'y pensai plus ; je me livrai tout entier à l'étude des effets et des causes, et n'eus plus d'autre but que celui de découvrir — la vérité.

« Mais encore, lui dit Jacques, qu'est-ce que la vérité, et que cherchiez-vous ?

— Mon cher monsieur, répondit l'homme au grand chapeau, la réponse à votre question n'est pas toute faite. Ce que les philosophes cherchent, c'est un mot, le mot au moyen duquel s'expliquera le monde[1] ; si donc ce mot n'est pas trouvé, et il ne l'est pas, je ne puis vous répondre, car ce mot seul pourrait vous satisfaire. Comme tant d'autres, je cherchais l'inconnu, — l'inconnu, et, si vous voulez, l'impossible.

— L'impossible ! dit Jacques, c'est peut-être là, en effet, ce qu'il faudrait trouver ; l'impossible est précisément ce qui nous manque.

— C'est mon avis, reprit l'homme au grand chapeau ; jusqu'à présent, l'homme n'a fait qu'inventer, cela ne suffit pas. « Encore un effort, me disais-je, et il créera. » Si Prométhée n'avait pas eu l'idée singulière de ne faire, du rayon de soleil qu'il déroba, qu'une femme de plus dans un monde où les femmes abondent ; si cet imbécile d'Icare n'avait pas mis de cire à ses ailes ; si les Titans avaient lié plus solidement entre elles les montagnes qu'ils élevaient contre le ciel, ce serait fait depuis longtemps ! il ne s'agissait donc peut-être que d'empêcher la cire de fondre, que de trouver un ciment indestructible, ou un homme pour lequel l'immortelle vérité eût de plus beaux yeux qu'une femme ; cela enfin, ou toute autre chose.

Tel était mon but, voilà ce que je tentais ! —

---

1. Dieu n'est qu'un mot créé pour expliquer le monde.
(LAMARTINE.)

Voilà ce que j'aurais pu faire, ce que j'aurais fait, si...

Mais c'est à la suite de mon histoire à vous l'apprendre, permettez-moi donc de continuer.

*

Après des travaux sans nombre et des peines de tout genre, j'étais tout près d'y arriver, et je tenais presque ce mot *philosophal,* énigme et clef du monde, à la recherche duquel ont pâli tant de générations de grands hommes, quand un traître ami que j'avais, un médecin auquel ses connaissances en phrénologie avaient fait une grande réputation, voyant que mes efforts allaient être couronnés de succès, résolut de m'en ravir le fruit.

Un jour donc, étant venu chez moi, il me demanda à visiter ma tête, sur laquelle il prétendait avoir découvert une bosse jusque-là inconnue (la bosse, sans doute, de l'idée nouvelle dont j'allais doter l'humanité), laquelle bosse devait lui fournir, disait-il, un argument sans réplique en faveur des doctrines médicales qu'il professait. Éloigné, comme je l'étais, de suspecter ses intentions, j'eus la faiblesse, quoique, au moment où il arriva, j'eusse pour ainsi dire sur les lèvres le mot que je cherchais et la tête en travail, comme Jupiter enfantant Minerve, j'eus l'imprudence de lui confier ma tête! ma tête, dans laquelle germait ma pensée!

Vous dire ce qu'il en fit me serait impossible; tout ce que je sais, c'est que, dès qu'il l'eut touchée, je sentis cette vérité, qui déjà m'apparaissait si claire, si radieuse, — m'échapper tout à coup; j'étais volé, volé de ma découverte, volé de mon idée, volé de la lumière, et je retombai incontinent dans les ténèbres.

A quoi m'avait-il servi d'atteindre jusqu'aux limites de la science?

C'est ainsi que sous le voile de l'amitié (« Nul n'est mort sans avoir reçu un outrage de son ami, » a dit Shakspeare), c'est ainsi que le scélérat vint à bout de s'emparer de ma cervelle, dont il fit son profit; car, à mesure que ma tête diminuait de volume, la sienne grossissait.

Je m'aperçus bientôt, au vide qui se fit dans mon cerveau, du larcin qui m'avait été fait, et je courus après le perfide en criant :

« Au voleur! Coquin, rends-moi ma cervelle! »

Mais, en ce monde, ceux qui sont volés sont souvent plus embarrassés que les voleurs ; — ce fut moi que l'on arrêta.

« Vous êtes fou, » me dit-on.

Et, pour me prouver que je l'étais en effet, on me mit dans une maison d'aliénés.

*

« Dans quel but, demandai-je à un de mes compagnons de captivité dont l'air grave et sensé m'avait dès l'abord tellement séduit que je n'avais point hésité à reconnaître que sa présence dans ce lieu ne pouvait être que le résultat d'une odieuse machination pareille peut-être à celle qui m'y avait jeté, dans quel but une grande nation peut-elle autoriser des actes aussi noirs que ceux dont nous sommes les victimes ?

— Chut ! » me dit-il.

Et, voyant que j'avais compris qu'il fallait parler avec précaution, il sortit de sa poche un petit volume fort proprement relié, et, l'ouvrant à peu près vers le milieu, il m'y lut cette phrase :

« Les Français enferment quelques fous dans une maison, pour faire croire que ceux qui sont dehors ne le sont pas. »

« O monde pervers ! pensai-je, je ne m'étais pas trompé, cet homme distingué jouit en effet de toute sa raison. » « Mais, enfin, lui dis-je, comment vous trouvez-vous ici ?

— Chut ! » fit-il encore.

Et, me parlant alors à demi-voix :

« Monsieur, me dit-il, croyez-vous à la transmission des âmes, à la métempsycose ?

— Des gens fort sensés y ont cru, lui dis-je, et, sans parler des Indiens, des Égyptiens, des Éthiopiens et autres peuples très-éclairés qui ont fait de ce dogme la base de leurs croyances; sans parler de Pythagore, qui prétendait avoir été coq, qui affirmait avoir combattu au siége de Troie et avoir reconnu son bouclier dans le temple de Junon, à Argos, en tout temps et de notre temps, cette doctrine a eu pour apôtres des hommes d'un haut mérite !

— Eh bien, me dit-il, je puis donc vous répondre. Avant d'être ce que je suis... — qui l'eût cru? s'écria-t-il, c'est tout bas qu'il faut que je vous le dise, ce nom dont je devrais être si fier... j'étais Montesquieu !

— Pardieu! me dis-je en regardant avec compassion mon interlocuteur, voilà une bizarre prétention, et j'ai bien peur que ce ne soit pas tout à fait pour rien que ce digne homme se trouve ici.

— Le petit volume que je viens de vous montrer, reprit l'auteur des *Lettres persanes* et de *l'Esprit des Lois,* fait partie de mes Œuvres complètes, et la phrase que je vous ai citée est de moi;

je l'ai écrite il y a environ cent ans. Ayant eu un jour l'imprudence d'en convenir publiquement dans une grande réunion, on fit de moi ce que l'on vient de faire de vous. Comme vous voyez, on paye cher le droit de dire certaines vérités.

— Mais, pensai-je en écoutant cet homme, est-ce de la folie ? »

Et, en effet, je le demande à tout esprit sincère, est-il un poëte, un général, un philosophe, un historien, qui ne se soit cru, à part lui, au moins une fois dans sa vie, Homère ou César, Socrate ou Tacite ?

Et, à ce compte, combien n'y en a-t-il pas qu'on priverait de leur liberté !

*

Il n'est mal si grand qu'on ne puisse en tirer un peu de bien. Me trouvant dans une maison de fous, je me rappelai cette parole de saint Paul : « Celui d'entre vous qui se croit sage, qu'il embrasse la folie pour trouver la sagesse ; » et je pensai un instant à profiter de la circonstance qui me mettait tant de fous sous la main, pour suivre le précepte de ce grand saint, qui a dit encore : « Dieu a jugé à propos de sauver le monde par la folie. » Mais je fus bien étonné, quand je me trouvai pour la première fois au milieu des infortunés qu'on y avait, sous toutes sortes de prétextes, rassemblés, de voir qu'ils n'étaient pas plus fous, peut-être, que vous et moi, ou que, s'ils l'étaient, ils l'étaient devenus, selon le mot de Jérémie, *à force de sagesse*. Je me mêlai à un groupe où se tenait une conversation politique qui ressemblait à toutes celles qui se tiennent dans le monde. Les plus hautes questions s'y agitaient, et on y avait à la fois tort et raison, absolument comme on a tort et raison ailleurs quand on traite ces sortes de matières.

Ces braves gens, — parmi eux se trouvaient des hommes d'état, des hommes d'affaires, des hommes de lettres, des journalistes, des poëtes, etc., car toutes les classes de la société y étaient représentées, — ces braves gens, qui tous avaient gardé l'espoir de sortir de cet horrible lieu, avaient sagement résolu de se former en comité politique et d'établir entre eux des conférences pour ne pas perdre l'habitude des affaires et des discussions publiques, et il s'agissait, dans le moment où j'arrivai, de l'élection d'un président. Tout s'y passa régulièrement; aussi mon indignation fut-elle au comble quand je vis qu'on avait traité de la sorte des hommes qui le méritaient si peu.

Ce fut bien pis quand je vis les trois candidats.

Au lieu de se comporter comme ils l'auraient fait dans une assemblée de gens sensés, ils se contentèrent de causer entre eux, en attendant la décision de la majorité, sans aucune aigreur ni jalousie, avec beaucoup de calme, de sérieux et de dignité; ce qui est dire assez qu'ils avaient précisément les qualités qu'on regrette de ne point trouver dans les hommes raisonnables qui aspirent tous les jours à l'honneur de représenter mon pays.

Que vous dirai-je? j'ai rarement vu une réunion de personnages aussi distingués; — mais vous en parler plus longuement serait probablement pour vous d'un médiocre intérêt; je me tairai donc, mon intention n'étant pas de vous ennuyer de propos délibéré.

*

Un jour, ayant trouvé, ce pauvre Montesquieu et moi, l'occasion de nous évader, nous la saisîmes; — malheureusement, à peine dehors, nous nous perdîmes dans la foule, et, depuis, je n'ai pas revu ce grand homme. Je le regrettai; car, tout fou qu'il était, il avait du bon. — Il n'était fou, d'ailleurs, que sur un point.

Quant à moi, je me remis aussitôt à la poursuite

de mon voleur, qui, m'avait-on dit, s'était enfui avec mon trésor, et je partis, bien décidé à le chercher dans le monde entier et à ne lui laisser ni paix ni trêve.

Jusqu'à présent j'ai perdu mes peines, et c'est en vain que j'ai parcouru dans tous les sens le petit globe qui nous porte ; mais, ayant remarqué à la fin que, partout, ceux qui ne bougent pas sont aussi avancés que ceux qui remuent beaucoup, j'ai pris le parti de ne plus faire un pas et d'attendre mon homme sur cette grande route.

S'il vient à y passer, il sera bien attrapé...

Et, là-dessus, portant la main à son chapeau, qui, dans la chaleur de la narration, s'était un peu dérangé, l'homme sans cervelle l'assujettit soigneusement sur sa tête.

« Vous savez maintenant, nous dit-il, pourquoi j'ai omis de vous saluer, contrairement aux règles de la civilité, et pourquoi vous m'avez trouvé sur le bord de ce fossé. »

Puis il cessa de parler.

*

« Parbleu ! me dit Jacques à demi-voix, si ce n'est son idée qu'on lui a ôté sa cervelle, je dirais que ce fou est un sage. »

Et, se tournant alors de son côté :

« Monsieur l'homme sans cervelle, lui dit-il, nous avons pris une part très-vive à vos malheurs, et nous sommes sensibles surtout à ce que vous venez de nous dire de la perte de votre cervelle ; nous pensons pourtant qu'il vous en reste encore assez pour que vous ne soyez jaloux de personne ; notre avis est que vous avez grand tort de rester sur le bord de ce fossé pour attendre l'occasion de recouvrer ce qu'on vous a pris, et que vous feriez mieux de venir avec nous. S'il vous plaisait donc d'accepter notre compagnie, nous voyagerions ensemble. Je n'ai pas besoin de vous dire que si, chemin faisant, nous rencontrons votre voleur, eût-il le crâne plus dur que le diamant, nous le forcerons bien à vous rendre ce qui vous appartient. »

XIX

Opinion de l'homme sans cervelle sur les voyages.

« Grand merci de votre offre, nous répondit-il ; mais vous iriez au diable, que je ne vous suivrais pas.

J'ai assez, j'ai trop voyagé !

Je l'avoue, quand je me mis en route pour la première fois, j'attendais, — sans oublier le recouvrement de ma cervelle, — quelque autre chose encore d'un si grand dérangement ! Qui est-ce qui, en sortant de son village, n'a pas compté découvrir un nouveau monde ? Et je me disais qu'après avoir cherché sans trop de succès dans la solitude et dans le silence le dernier mot de la raison humaine, je le rencontrerais peut-être dans les endroits fréquentés. Quelle erreur ! Force me fut de sortir des écoles, des gymnases et des instituts avec cette idée qu'un seul sage pouvait être sage peut-être, mais que beaucoup de sages réunis ne pouvaient manquer d'être fous. Les académies ne sont point autre chose que des lieux de réunion où des hommes de sens se cotisent pour arriver à ne rien dire en parlant beaucoup.

Quand on a vu la terre d'un peu près, on se refuse à croire qu'il ait jamais pu s'y passer de grandes choses ; ou bien l'on est tenté de dire avec ses détracteurs, tant on est étonné de ne trouver partout que délabrements, qu'elle n'est aujourd'hui qu'un grain de poussière dégénéré.

Pour ne parler que des lieux célèbres dans la science, allez donc à Alexandrie, autrefois le rendez-vous des savants et des philosophes : au lieu de ces groupes inquiets, turbulents et animés du désir de connaître des sophistes, — des cyniques, — des académiciens, — des stoïques, — des épicuriens, — des péripatéticiens, — des sceptiques, — des gnostiques, — des mystiques, — des néo-platoniciens, — des mithriaques, — des cabalistes et autres groupes qui se succédaient dans son musée, où tout savant avait le droit de se loger, vous ne trouverez que des chacals, des rats, des éperviers et des hiboux.

Allez à Athènes : au lieu de Zénon enseignant sous le Portique, et de Platon sur le cap Sunium, vous rencontrerez des Bavarois, oui, des Bavarois, des Allemands comme vous. On vend de la saüerkraüt sur l'Acropolis, et des wurst de Munich sur les marches du Parthénon, — que l'ombre indignée de Socrate doit avoir abandonné !

En Macédoine, il n'y aurait plus de place pour Alexandre, ni pour son maître Aristote.

Et, quant à ces pays favorisés où les poëtes ont promené leurs divins mensonges, cherchez-y ce que le souffle des Muses y a fait éclore, et voyons ce que vous en rapporterez. Je me trouvai un jour sur un roc si stérile, qu'il était inhabité ou peu s'en faut. J'y découvris à grand peine deux ou trois huttes et quelques sauvages. — J'étais à Cythère ! Des autels sur lesquels fumait jadis l'encens de Sappho, d'Anacréon et autres adorateurs de la plus belle des déesses, il reste à peine une pierre, et l'écho lui-même a oublié jusqu'au nom de Vénus.

Amathonte est perdu, — ce qui est bien dommage.

Il n'y a pas plus de jeux que de ris à Paphos ! et d'Amour, il n'y en a ni plus ni moins qu'ailleurs. Là comme partout on s'embrasse et l'on s'égratigne; après quoi, on va faire la révérence à un nouveau visage.

J'ai cherché en vain dans les îles Fortunées (les îles Canaries) un souvenir d'Armide et du vaillant Renaud, et de ces jardins magiques dont chaque arbre renfermait des nymphes belles comme le jour! J'y ai trouvé, dans un beau climat, la poésie absente; les arbres y sèchent au lieu d'y brûler d'une flamme amoureuse; — et, en place du chant des fées auxquelles le Tasse prêtait l'harmonie de ses vers, je ne sais comment le dire, pour tout chant, au milieu des airs, celui des serins.

Moi aussi, je voulais tout voir, et tout nom fameux m'attirait:

Abydos et Sestos, célèbres par les amours d'Héro et de Léandre; Naxos, où Thésée abandonna Ariadne,

> Ariadne aux rochers contant ses injustices;
> (RACINE)

Délos, et le palmier sous lequel naquirent le soleil et la lune, Apollon et Diane! — Carthage, où M. de Chateaubriand crut voir les flammes du bûcher de Didon; — Ithaque, patrie d'Ulysse, où une femme fut fidèle, — et tant d'autres lieux enfin qui brillent comme des astres dans la nuit de l'histoire [1].

1. CYTHÈRE, aujourd'hui CERIGO, l'une des îles Ioniennes, sous la

Hélas! qu'ai-je fait, et que m'en est-il revenu de dépouiller ces lieux révérés du prestige du lointain? On cherche des dieux et des sirènes, on trouve des ours blancs et de la glace! La réalité est amère, parce qu'elle remplace l'espérance, qui vaut toujours mieux qu'elle. Tout ce que l'homme veut voir et avoir, qu'il le cherche, qu'il le trouve en lui-même. Si l'infini est quelque part, c'est en nous, si chétifs que nous soyons. Si la poésie ne dort point avec vous sous votre oreiller, c'est en vain que vous courez après elle. Homère aveugle n'a pas eu besoin de contempler Troie en cendres pour chanter ce grand désastre; Virgile, Milton, Dante, n'avaient que faire de leurs yeux pour voir

---

protection, ou plutôt sous la domination de l'Angleterre; sous la domination française pendant l'Empire. — PAPHOS, dans l'île de Chypre, appartient aux Turcs; maintenant BAFFO, village où l'on a trouvé quelques débris du temple de Vénus. — ILES FORTUNÉES (CANARIES), archipel de vingt îles dans l'océan Atlantique; la plus grande, Ténériffe, est célèbre par son pic volcanique. Appartiennent à l'Espagne. — ABYDOS et SESTOS, aujourd'hui NAGARA-BOUROUM, château armé de quatre-vingt-quatre canons, et BOVALLI-KALESSIE, batterie armée de cinquante canons. Byron, comme Léandre, a traversé le détroit à la nage. — DÉLOS, l'une des Cyclades. Très-petite et inhabitée; il n'y avait que deux bergers en 1825. Ruines du temple d'Apollon. — CARTHAGE. Sur son emplacement, le petit village de MALGA. On ne sait pas même où était le port de Carthage. — ITHAQUE, aujourd'hui ITACA; île ionienne, rocheuse, ayant pour ville VATHI. On y découvrit, en 1811, sous la domination française, deux cents tombeaux sur l'emplacement présumé du château d'Ulysse.

ce qu'ils ont vu; c'est au fond de son encrier que l'Arioste a trouvé ces forêts embaumées où passaient de si beaux jours, entrelaçant leurs noms sur l'écorce des arbres, l'amoureuse Angélique et le tendre Médor; il ne fallait au Tasse qu'une chandelle pour illuminer Jérusalem délivrée; encore pouvait-il s'en passer, puisqu'un jour, n'ayant pas de quoi en acheter, il lui arriva de faire un joli sonnet à sa chatte, pour la prier de lui prêter, durant la nuit, la lumière de ses yeux.

Bref, il n'y a rien de tel que d'aller partout pour n'arriver à rien. Celui qui a tout vu n'a rien vu; car son cœur et sa raison se sont lassés de le suivre, et il n'y a de sage, véritablement sage, que celui qui n'est jamais sorti de son trou. Pour moi, je voudrais être colimaçon et n'avoir jamais eu à quitter ma coquille; le seul profit qu'on retire des voyages, c'est qu'après avoir beaucoup couru, on ne demande pas mieux que de s'arrêter.

Pourtant, ajouta-t-il après une minute de réflexion, un homme qui n'a plus que la moitié de sa cervelle a le droit de faire une folie; — je vous suivrai donc, — contre mon propre avis. D'ailleurs :

Malum consilium est quod mutari non potest.

« C'est un mauvais dessein que celui qu'on ne peut changer. »

Et, quand je serais un nouvel exemple que ce qu'il y a de plus difficile, c'est d'être constant, le nombre de ces exemples étant déjà si grand, où serait le mal?

Et enfin, s'il faut tout dire, ajouta-t-il en se levant : de même qu'il n'y a jamais eu que sept merveilles au monde, il n'y a eu aussi que sept sages : je ne ferai pas le huitième; le nom de sage me paraît fort déconsidéré, et j'ai pris en haine la sagesse, qui m'a conduit à la maison des fous.

« A la bonne heure, s'écria Jacques, tout ce que vous venez de dire est plein de sens, y compris la conclusion, qui le dément. Mais on ne va pas, on est entraîné ; — disons donc, avec la sibylle, qu'*un dieu nous force à voyager,* et partons. »

Il manquait un cheval à notre nouveau compagnon de route; je le pris en croupe sur le mien; et cet arrangement convint d'autant mieux à l'homme sans cervelle, qu'il s'avoua fort mauvais écuyer.

« Tenez-moi bien, » lui dis-je.

Et nous continuâmes notre route.

XX

Ce qu'on voit sur les grands chemins.

Je ne décrirai point l'Europe, quoiqu'on l'ait souvent décrite en de moindres occasions.

Mais je dirai qu'après ce que nous venions d'entendre il nous fallut quelque résolution pour accomplir ce long voyage.

Nous fûmes, en outre, dès le début, et même dans la suite, assaillis par des présages qui eussent fait reculer de moins intrépides.

Il nous arriva plus d'une fois de rencontrer trois pies — volant contre le vent, — et du midi au nord!!!

Nos chevaux nous emportèrent un matin à travers un champ de fèves.

Nous fûmes, un jour, témoins du combat d'un

chat noir et d'un corbeau, et, ce même jour-là, nous avions rencontré, sur le tronc d'un vieux saule, une vieille chouette fixant le soleil.

La cime d'un peuplier fut brisée devant nous par la foudre, et j'écrasai, un soir, une araignée !

Combien de fois Jacques renversa la salière, je ne saurais le dire; mais j'en ai dit assez pour qu'il soit superflu d'ajouter que les enfants nous poursuivaient de leurs huées et que les chiens hurlaient en nous voyant.

Qu'ils étaient heureux, ces voyageurs d'autrefois, qui rencontraient sur les chemins tout ce qu'il nous eût été si bon d'y rencontrer : des fées, des enchanteurs, des magiciens, des héros et des héroïnes, des Bradamantes et des Dulcinées, des armées fantastiques et de mystérieux moulins à vent, des rois épousant des bergères, et des chaumières habitées par de grandes princesses !

Des lieux enfin toujours nouveaux et toujours de plus en plus beaux !

Pour nous, nous vîmes tant de villes, tant de forêts, tant de fleuves et tant de rivières, que nous finîmes par croire qu'il n'y avait qu'une forêt, qu'un fleuve et qu'une ville toujours la même; mais de prodiges, nous n'en vîmes pas un !

Le seul miracle qui se fasse encore (il est vrai

qu'à force de se produire, ce miracle, qui n'étonne plus personne, a cessé d'en être un), c'est celui de l'enchanteresse Circé, qui changeait les hommes en bêtes.

Cette magicienne n'a point emporté avec elle son secret : toute femme ayant de beaux yeux au service d'un cœur pervers le possède.

Dans les pays où l'on ne connaît personne, le voyageur, comme les gens dont parle l'Évangile, a des yeux pour ne pas voir, — des oreilles pour ne pas entendre, et des mains pour ne toucher à rien :

Multa hospitia, paucas amicitias.

Rien n'est plus vrai que ce triste mot en voyage : Beaucoup de gîtes et peu d'amis! — Passez-vous rapidement, vous n'avez rien vu ; — demeurez-vous, c'est autre chose; c'est pis : car, si vous êtes bon (quelques-uns se vantent, quelques autres se cachent de souffrir, mais tous souffrent), à chacune de vos haltes, vous laissez sur la route un peu de votre cœur, un peu de votre pitié, et, si vous avez été bien accueilli, des regrets que vous ne consolerez point et dont vous ne serez pas consolé.

Est-ce que ce n'est pas mille fois triste de passer à travers ces milliers d'hommes, ces milliers de frères, et d'avoir les bras toujours ouverts sans pouvoir jamais les refermer sur un ami?

. . . .

. . . . Nous eûmes, du reste, la bonne fortune de trouver sur notre chemin ce que tout le monde y eût trouvé comme nous : des gens à pied et des gens à cheval, les uns et les autres également poussés par les cinq ou six appétits auxquels il faut le monde à dévorer. Ici, des chars légers, courant après le plaisir, trouvant l'ennui ; là, de lourdes, pesantes et incommodes voitures, des maisons en voyage ; celles-ci pleines de pauvres diables, qui tous et toujours, à cette question : « D'où venez-vous et où allez-vous? » auraient pu répondre : « Je viens de la misère et je retourne à la misère, je m'agite pour tomber de fièvre en chaud mal. »

« De tout ce qui use les chemins, disait l'homme sans cervelle, il n'y a de sensés que les chevaux : ceux-là seuls savent ce qu'ils font, et, si on leur demandait : « Pourquoi marchez-vous? » ils pourraient répondre avec orgueil : « Je marche parce qu'on me fouette. »

Non, l'homme n'est pas fait pour voyager, et la preuve, c'est qu'il y a encore, et qu'il y aura toujours, Dieu merci, d'infranchissables déserts.

Le souci ou le désir, l'inquiétude ou les regrets, creusent le front de quiconque va d'un lieu à un autre. Le mouvement nous a été imposé, ainsi que le travail, comme une punition céleste. Son premier pas, son premier voyage, l'homme le fit sous le poids de sa première faute, quand l'ange au glaive de feu le chassa du paradis terrestre, et le second, ce fut le crime qui le lui fit faire. Abel mort, Caïn chercha une terre qui n'eût pas vu son forfait.

Que vous dirai-je encore?

Comme tous les voyageurs, nous eûmes faim et soif: il nous arriva aussi de descendre et de monter, de boire et de manger, de nous fatiguer et de nous reposer. Nous ne fîmes pas le trajet tout d'une traite; nous nous arrêtions assez régulièrement le jour pour dîner, le soir pour nous coucher, et notre bonheur consistait alors à trouver une mauvaise auberge, un mauvais souper, et, dans le coin d'une mauvaise chambre, un de ces lits dans lesquels on voudrait pouvoir dormir (après tant d'autres) sans y toucher.

Pour ce qui est de la campagne, — nous pûmes constater que, généralement, les montagnes dominent les plaines, que les pierres sont dures, que l'eau mouille, et qu'on pourrait apprendre la géographie à meilleur marché qu'en voyageant.

Le plus petit coin de la terre étant l'abrégé du reste, une petite pierre, si vous l'approchez de votre œil, c'est un rocher ; — une feuille d'arbre, c'est une forêt ; — qui voit un enfant, voit un homme.

Quant aux villes : de loin la plus grosse n'est guère qu'une fourmilière ; si, au lieu de n'être qu'un fils d'Adam, on était seulement celui d'un éléphant, on craindrait de faire une mauvaise plaisanterie en y posant le pied, et, de si peu de poids qu'on se sache, on s'étonne que ce soit dans ces singuliers amas de maisonnettes que se fabriquent toutes les belles paroles dont se grossit l'univers.

Les toits sont plats, quand ils ne sont pas pointus ; quelquefois ils sont ronds. Mais les architectes auront beau faire, un toit ne sera jamais qu'un toit, et il n'y aura jamais dessous que des hommes.

Ah ! que souvent on aurait pu dire de chacun de nous :

> « Celui-ci, pendant son voyage,
> Tourna les yeux vers son village
> Plus d'une fois . . . . . »

XXI

Les Français à Paris.

Les Français sont, en somme, accommodants; ils nous firent beaucoup de saluts :

« La politesse, nous dit l'un d'eux, qui s'était obstiné à nous servir de guide, quoique nous n'eussions aucun besoin de ses services, la politesse est une monnaie qui ne ruine personne.

— A moins que ce ne soit celui qui la reçoit, » lui répondit Jacques en lui remettant quelques petites pièces pour l'encourager à nous quitter.

Si l'esprit consiste à bien et à beaucoup parler, on a raison de dire que ce peuple est le peuple le plus spirituel de la terre; mais, ce qui gâte l'esprit des habitants de cet agréable pays, c'est qu'ils veulent trop qu'on sache qu'ils en ont. Il n'y a rien de si désolant pour eux que de voir une jolie chose qu'ils disent mourir dans l'oreille d'un sot. Il s'ensuit qu'aucune nation ne fait autant de sottises que celle-là, l'esprit consistant souvent à bien agir et à se taire. Or, cette dernière vertu lui a été refusée.

Voulez-vous savoir ce que c'est que Paris ? ouvrez une géographie, vous y apprendrez que « Paris est la capitale de la France. »

Le pain y est bon, l'eau n'y vaut rien ; les journaux y abondent, mais il ne manque pas d'yeux pour les lire : ce qui n'empêche pas que, quand on les a tous lus et relus, on sait un peu moins qu'auparavant à quoi s'en tenir sur le véritable état du pays. Les livres, du reste, n'y sont pas plus rares que les journaux.

Dans ce pays, l'horreur du papier non imprimé (le seul pourtant dont l'innocence soit incontestable) est extrême.

C'est un Français qui l'a dit et qui devait le dire : « La nature semblait avoir sagement pourvu à ce que la sottise des hommes fût passagère, et les livres l'immortalisent. »

On a dit que les Français étaient ingouvernables : il y a vingt pages de leur histoire qui prouvent le contraire. Il n'est pas de peuple plus accommodant sur ce point; ils s'arrangent de tout, même de ce qu'ils n'aiment pas, et ne sont jamais plus d'accord que dans la gêne. Quand on les force à se passer de ce qu'ils préfèrent, on est leur maître. Comme les enfants, ils ne sont terribles que dans leurs jeux.

Je n'ai gardé de souvenir précis que de notre voyage à Londres.

XXII

Un jour à Londres.

C'est à Paris que l'envie nous avait pris d'aller à Londres.

« Allez-y, nous dit l'homme sans cervelle ; pour moi, je ne vous suivrai pas ; je m'arrangerais assez des Anglais, mais je n'aime pas l'Angleterre. Nous nous retrouverons à Boulogne. »

Arrivés à Boulogne, nous nous crûmes déjà en Angleterre. Il n'y avait que des hôtels anglais, des domestiques anglais, on n'y parlait qu'anglais, on n'y prenait que du thé.

Aimez-vous le thé?

Si vous êtes Anglais, ce n'est pas à vous que

s'adresse ma question; si vous êtes Français, ce n'est point à vous non plus : les Français aiment tout; — mais vous feriez bien de détester cette abominable tisane, si vous êtes Prussien, Autrichien, Saxon, Wurtembergeois, Bavarois ou Badois, Allemand enfin, c'est-à-dire si vous savez ce que vaut notre bon vin du Rhin.

Le jour de notre départ — c'était un samedi — nous descendîmes pour déjeuner, avant de nous embarquer, dans la salle commune de notre hôtel.

Tout en déjeunant, Jacques se prit à regretter Paris.

« Pour un étranger, disait-il, il n'y a qu'une ville, et cette ville, c'est Paris. La vie y a quelque chose de si ouvert, de si visible, de si public, que partout, et même dans la rue, on peut se croire chez soi. D'ailleurs, les boulevards, les passages, les théâtres, les Champs-Élysées, et le Bois, et les files de voitures, et ce million d'habitants toujours en l'air, et la foule sur les trottoirs, et les marchands en plein vent, et le bruit des rues, et les journaux, et les boutiques flamboyantes, et le Palais-Royal, et les Tuileries, et la Colonne, nous ne retrouverons cela nulle part, pas même à Londres.

— Vous vous trompez, nous dit une jeune et jolie-Anglaise qui déjeunait en même temps que nous (et qui, par conséquent, prenait du thé); Paris danserait dans Londres. A Londres, n'avons-nous pas Regent's street, et Oxford street, et le Strand, et Piccadilly, etc., et l'Opéra-Italien, et Drury-Lane, et Covent-Garden, et Saint-Jame's park, et Regent's park, etc.; et, pour animer tout cela, au lieu d'un seul, deux millions d'âmes? Si vous tenez à ne pas vous perdre dans Londres, je vous engage à bien vous y tenir, car vous y serez dans la foule comme une goutte d'eau dans la Tamise. — Allons, ajouta-t-elle, encore une tasse de thé, messieurs, et, à votre retour, vous m'en direz des nouvelles.

— Miséricorde! dis-je à Jacques; je ne m'habituerai jamais à ces noms-là. Le jour où Dieu a confondu les langues, son courroux contre le genre humain devait être bien grand. »

En ce moment, la cloche du bateau à vapeur se fit entendre, et nous prîmes congé de notre interlocutrice.

« Bon voyage! » nous dit-elle.

Et elle nous donna sans façon une poignée de main; ceci nous surprit bien un peu, mais c'était apparemment dans les mœurs du pays. Bonne et charmante coutume, d'ailleurs; puisque Dieu a fait l'homme et la femme l'un pour l'autre, c'est bien le moins qu'ils se serrent la main quand ils se rencontrent.

Tant que dura la traversée, nous restâmes étendus sur le dos; nous nous sentions un mal étrange dans l'estomac. Pour nous guérir, on nous offrit du thé!

Enfin, on vint nous dire que nous étions à Londres.

Nous nous laissâmes emballer comme des paquets dans une voiture qui nous conduisit à un hôtel, et nous nous mîmes au lit.

Le lendemain, nous étions frais et dispos. — Nous demandâmes à déjeuner. — On nous apporta du *roastbeef*, des *sandwich*, des *muffins*, puis... du thé. Dieu merci, cette fois, le thé n'était pas seul.

En cassant mon pain, je m'aperçus qu'on nous avait donné du pain dur; j'appelai le garçon.

« Est-ce que vous n'avez pas de pain frais?

— Non, monsieur. »

Jacques avait peine à se rendre compte de cette particularité; « car enfin, disait-il, le pain commence toujours par être tendre; » et il ne comprenait pas pourquoi on attendait qu'il fût dur pour le servir. Mais il fit réflexion qu'il était venu pour étudier les mœurs du pays, et non pour les corriger, et il écrivit sur ses tablettes :

« En Angleterre, il n'y a jamais de pain frais. »

Après déjeuner, nous nous mîmes en route pour voir la ville. Arrivés dans la rue, nous nous y trouvâmes tout seuls : pas une âme, pas un passant, pas une voiture, pas un cheval! Nous allâmes plus loin, et d'une rue dans d'autres rues. — Mais personne! — Nous avancions dans un désert. Jacques se souvenant alors des recommandations de la jeune Anglaise de Boulogne, m'attacha à son bras avec un mouchoir.

« Prends garde de te faire écraser! » lui dis-je.

Nous avions eu soin de nous munir d'un *Guide du voyageur,* d'un indicateur des monuments et d'un plan de la ville pour nous retrouver dans les rues.

Nous allâmes voir la Tour de Londres : — toutes les portes en étaient fermées.

L'idée nous prit de visiter les célèbres bassins (ou *docks*) où se tiennent des vaisseaux de toutes les parties du monde : — les bassins étaient fermés comme la Tour.

« Probablement, dis-je à Jacques, les étrangers ne peuvent pas voir les monuments sans lettre d'introduction. »

Et, comme nous en avions une pour un Anglais de distinction, nous arrivâmes tant bien que mal, à l'aide de notre plan, jusqu'à la maison de cet Anglais.

Arrivés à sa porte, en levant les yeux, nous aperçûmes trois ou quatre têtes de jeunes filles derrière le rideau d'une fenêtre. Elles lisaient dans un livre qui ressemblait à une Bible.

« Ceci, dis-je à Jacques, nous promet une agréable compagnie. »

Et, soulevant le marteau de la porte, je frappai un coup, un seul coup, par discrétion.

On nous fit attendre un quart d'heure. — C'était peu poli. Mais, enfin, la porte s'ouvrit.

« Sir ***? demandai-je au grand laquais poudré qui nous barrait le passage.

— Absent, nous répondit-il; maison close, personne. »

C'était encore moins poli, car c'était faux.

« Diable! » dit Jacques.

Nous nous dirigeâmes alors, suivant toujours les notes de notre petite Anglaise, vers les parcs pour voir défiler les équipages. Nous trouvâmes des arbres, mais d'équipages, point! — Des arbres sont toujours bons à voir : nous regardâmes les arbres. Après quoi, nous rentrâmes dans les rues pour voir si les boutiques s'ouvraient ; mais elles ne s'ouvraient pas ; et Jacques écrivit dans ses notes :

« En Angleterre, il y a des monuments, mais on ne les voit pas ; des boutiques, mais on les tient fermées. »

« Rêvons-nous, dis-je.

— Les rêves ne sont pas si longs ! s'écria Jacques impatienté.

— Bah ! lui dis-je, on a rêvé pis ; un rêve n'a pas de règle. »

Le Dante a dit qu'il ne s'était réveillé qu'à trente-trois ans, *au milieu du chemin de la vie,* jusque-là, tout n'ayant été pour lui qu'un songe, et Voltaire raconte qu'il a rêvé le deuxième chant de *la Henriade.*

Cependant la soirée s'avançait.

En désespoir de cause, nous nous dirigeâmes vers le théâtre de Drury-Lane.

« Allons au parterre, me dit Jacques ; nous y verrons de plus près les mœurs populaires. »

Et nous nous mîmes bravement à la queue. Il n'y avait encore personne. Jacques dit :

« Nous serons bien placés. »

Après avoir fait queue pendant une heure ou deux, Jacques trouva que c'était un peu long. Personne ne venait. Je montai sur une borne pour voir si je ne découvrirais rien.

« Sœur Anne, me dit Jacques, ne vois-tu rien venir?

— Rien, » lui dis-je.

Et, comme il n'y avait pas apparence d'ouverture, Jean écrivit sur ses tablettes :

« A Londres, il y a des théâtres, mais on n'y joue pas. »

Nous prîmes alors le parti de retourner à l'hôtel, toujours en lisant notre guide.

Pour m'occuper, je demandai un journal. On m'apporta un journal de la veille! Il n'y en avait pas d'autre.

« Écris, dis-je à Jacques : « En Angleterre, les « journaux ne paraissent que la veille. »

Nous n'avions rien vu : aussi étions-nous fort las!

« Retournons à Boulogne, me dit Jacques; nous donnerons des nouvelles de Londres à notre petite voisine de table d'hôte, et nous y retrouverons l'homme sans cervelle, qui savait bien ce qu'il faisait en refusant de nous accompagner. »

Le bateau à vapeur partait le lendemain à cinq heures du matin : nous refîmes nos paquets, nous prîmes du thé, et nous nous couchâmes.

Le matin, nous prîmes du thé, et nous nous embarquâmes.

Nous arrivâmes à Boulogne et nous reprîmes du

thé. Notre jolie Anglaise de l'avant-veille était là : elle prenait du thé comme nous.

« Eh bien, nous dit-elle triomphalement, que dites-vous de Londres? »

Jacques alors lui communiqua ses notes de voyage.

Sur quoi, elle lui dit :

« Quel jour sommes-nous? »

Jacques n'en savait rien.

« C'est aujourd'hui lundi, dit le garçon qui nous servait.

— Lundi! dit-elle; lundi!!! »

Et elle se mit à rire aux éclats, et d'un si bon rire, que, Jacques et moi, nous ne pûmes nous empêcher d'en faire autant, bien qu'à vrai dire elle parût rire à nos dépens.

« Pourquoi rions-nous? me dit Jacques.

— Je n'en sais rien, lui répondis-je.

— Pourquoi rions-nous? » demanda-t-il à la jeune miss.

Mais elle riait toujours. Quand ce fut fini :

« Vous avez été à Londres un dimanche, dit-elle enfin. Or, à Londres et dans toute l'Angleterre, tout chôme le dimanche, sauf les églises. Vous n'avez pas eu de pain frais, parce qu'on ne cuit pas dans la nuit du dimanche; vous n'avez trouvé personne dans les rues, parce que, le dimanche, excepté aux heures des offices, on reste chez soi pour lire la Bible. Le dimanche, les boutiques sont fermées ; les monuments publics sont fermés. Le dimanche, il n'y a que des journaux du samedi.

— Mais, demanda Jacques, est-ce que, le dimanche, les portes auxquelles on frappe mettent un quart d'heure à s'ouvrir ? et, quand elles sont ouvertes, n'y a-t-il que le dimanche qu'on vous laisse dehors et qu'on vous les referme au nez ?

— Comment aviez-vous frappé à cette porte ? reprit-elle.

— Pardieu ! dit Jacques, nous avons frappé comme on frappe, un seul coup, tout juste ce qu'il en fallait pour être entendus, et nous le fûmes.

— Un coup, monsieur ! dit la jeune miss, un seul ! On vous aura pris pour des domestiques. En Angleterre, il n'y a que des laquais qui frappent un seul coup ; un honnête gentleman en frappe sept ou huit ; et le nombre des coups de marteau est en raison du rang et de la *respectability* de ceux qui font visite. C'est en semaine qu'il faut voir Londres. Vous n'avez pas vu Londres. Retournez à Londres.

— Non, dit Jacques ; si je retournais à Londres,

j'ajouterais un chapitre à l'anatomie de la mélancolie du docteur Burton, votre compatriote. »

Et, ayant pris ses tablettes, il écrivit : « Tout ce que je viens de dire de Londres, est vrai, — une fois par semaine, le dimanche. »

XXIII

Où le lecteur fera le tour du monde en trois minutes.

Pendant la suite de notre voyage, les jours se succédèrent sans aventures.

Si, moins fou que nous, cher lecteur, toutes les fois que tu as failli céder à la tentation d'échanger tes pantoufles contre des bottes de voyage, tu n'avais eu le bon sens de te rappeler ce précepte du sage : « Mieux vaut le croire (ou ne pas le croire) que d'y aller voir, » il t'en aurait coûté autant qu'à nous-mêmes pour constater qu'il n'y a guère sur toute la surface du globe que sept cent trente-huit millions d'habitants, qu'on divise la terre en cinq parties, et que ce qui distingue l'Europe des quatre autres, c'est qu'elle est la plus petite, et qu'il s'y trouve :

En Danemark, — des volcans, des édredons et des sources d'eau chaude ;

En Norvége et en Suède, — des montagnes, des pins et des sapins, et un réveil littéraire prononcé ;

En Russie, — des maisons en brique, des palais en plâtre, des fourrures et des cuirs, des nuits splendides et de plus splendides aurores, des théâtres et des livres français, des questions énormes, et le progrès, tout étonné de s'appuyer sur un trône ;

En Hollande, — des marais, des lacs, des moulins à vent, des tulipes, des harengs, de la toile, du papier, d'admirables musées, l'ordre dans l'extrême liberté ; et des maisons si constamment frottées et nettoyées par leurs habitants, qu'il ne reste plus à ceux-ci le temps de se frotter et nettoyer eux-mêmes ;

En Belgique, — des Anglais, des Français, des Allemands, des Russes, des Turcs et quelques Belges ; des dentelles et de la houille, des hôtels de ville incomparables et des magasins de tabac ; plus de libraires que d'hommes de lettres, un peuple plus petit que ses institutions, de bons peintres et beaucoup de musique ;

En Allemagne, — trente-neuf États de forces inégales qui ont la prétention de se croire indépendants les uns des autres, des jambons, des verres de Bohême, des violons, des ménages à vingt-cinq sous, et la contrefaçon belge ressuscitée;

(*N. B.* — Cette note un peu leste est de la main de l'homme sans cervelle, notre qualité d'Allemand et notre impartialité nous ayant fait un devoir de le laisser parler librement de notre pays, quoi qu'il en pût dire.)

En Pologne, — des hivers longs et rigoureux, des landes, de vastes forêts, de tristes mais glorieux souvenirs;

En Hongrie, — des pierres précieuses et des porcs, des bruyères et des sangsues, et comme en Pologne un passé glorieux devant un présent plein de douleurs;

En Suisse, — des précipices, des montagnes, d'excellents fromages et des pics inabordables, au haut desquels on trouve le plus souvent des balustrades peintes en vert, des bancs verts, une table verte, du café tout préparé, des Anglaises et d'admirables sites;

En Irlande, — l'ombre d'O'Connell et des pommes de terre en trop petite quantité;

En Écosse, — des nuages, et les spectres épaissis de Fingal et d'Ossian;

En Espagne, — des olives, des amandes, des oranges, des citrons, des moutons, des mulets, des taureaux, des amoureux, des guitares, des vents brûlants, une reine singulière et la guerre civile ;

En Turquie, — des abeilles, du tabac turc, des tuyaux de pipes, des bouts d'ambre, de belles armes, la peste, l'incendie, des queues de cheval attachées à de brillants gonfalons, des pachas, des Grecs, des juifs, des Arméniens, du raisin de Corinthe et des chiens errants, le passé opiniâtre en face de l'avenir impossible et pourtant nécessaire, l'influence anglaise, l'influence russe, l'influence française, l'influence autrichienne et autres influences...

Toutes choses, comme on voit, que le plus simple traité de géographie ou que la lecture d'un numéro quelconque de *l'Indépendance belge* eût pu nous apprendre avec plus de méthode et de sûreté que l'examen, si attentif qu'il fût, que nous en pûmes faire.

XXIV

Propos légers d'un bandit qu'on allait pendre, et ce qu'était le plus beau des Italiens.

Toutes nos préférences furent pour l'Italie, cette terre d'élection, qui reste divine en dépit de ses habitants.

Nous y vîmes des douaniers, des commissaires de police, des buffles aux regards obliques, du riz, du maïs, des pâtes de toutes sortes, des carrières de marbre, des colonnes de toutes les couleurs, des terres incultes, des perles fausses, des chapeaux de paille, des fabriques d'antiquités, des peintres et des voyageurs de tous les pays, des abbés et des monsignori, le tombeau de Virgile, la fontaine de l'Eau-Vierge ; à chaque pas, enfin, les traces d'un passé magnifique, et, planant au-dessus des prisons de Rome et de Naples, l'amour de la patrie italienne plus inextinguible que les flammes du Vésuve; — de plus, un brigand qu'une forte escorte conduisait à une ville prochaine.

C'était un fort beau garçon au teint brun, à la barbe noire et frisée; il avait le regard, ferme et doux à la fois, que Léopold Robert a donné à ses pêcheurs et à ses moissonneurs. Comme, en outre, il était enchaîné, c'était le plus beau brigand qu'on pût contempler.

Tout brigand et tout enchaîné qu'il était, il y avait dans son air tant de noblesse et de fierté, que — j'en demande pardon aux honnêtes gens — nous ne pûmes le voir sans intérêt. Nous étant donc arrêtés pour questionner son escorte, nous eûmes le chagrin d'apprendre que ce superbe bandit ne pouvait manquer d'être pendu, attendu qu'il avait une douzaine de meurtres et un nombre infini de vols sur la conscience. Il s'appelait Carlo Ferri, et était le chef d'une bande redoutée.

« Pourquoi diable vous êtes-vous fait brigand? lui dit avec humeur l'homme sans cervelle; c'est un métier pénible.

— J'ai perdu mon père de bonne heure, nous répondit-il; me trouvant donc sans ressources, je me fis voleur parce que j'aurais rougi de mendier. Les mendiants sont des gens qui n'osent pas voler. Après avoir volé pour ne pas mendier, je tuai pour voler. Et voilà où j'en suis. Si j'ai eu tort, dit-il en faisant un signe de croix, je me confesserai, et, par là, j'éviterai l'enfer, — hélas! — mais non la corde. Cela prouve bien, ajouta-t-il en jetant sur nous un regard plein de mélancolie, qu'il est plus dangereux d'être voleur que d'être honnête homme; et c'est pourquoi, sans doute, il y a si peu de voleurs et tant d'honnêtes gens.

— Signor Carlo, lui dit Jacques, votre philosophie est plus dangereuse que votre fusil; vous ne volerez pas la corde qu'on vous destine.

— Ce sera donc, nous dit-il, la seule chose que je n'aurai point été obligé de voler.

— C'est égal, dit l'homme sans cervelle, le plus bel enfant de l'Italie n'aurait point dû s'exposer à une mort ignominieuse.

— Je ne suis point Italien, » reprit le brigand en nous tournant le dos et en haussant les épaules!

Et, en effet, un des soldats du pape, qui faisait partie de l'escorte, nous apprit que Carlo Ferri avait vu le jour à Quimper, qu'il s'appelait Jean-Pierre, et qu'il n'avait changé de nom que pour être agréable à ses camarades. Le plus bel Italien que nous ayons vu en Italie était bas Breton.

« Où que vous alliez, dit l'homme sans cervelle, fût-ce dans la lune, qui, au lieu d'être un astre de pure lumière, comme on l'a cru, n'est qu'un globe terne et sans clarté comme le nôtre, — il faudrait en rabattre : — chaque pas nous découvre un mensonge. »

Pour ce qui est des mœurs des différents peuples que nous visitâmes, ces mœurs sont partout les mêmes. Partout on fait, on défait et on refait, et les abus renaissent des abus parce qu'il est plus facile de souffrir un mal que de le combattre.

La grande question est entre les riches et les pauvres ; car, dans un temps où la richesse donne le droit de n'être bon à rien, où l'on est honoré et élevé, non parce qu'on est le meilleur, mais pour cela seul qu'on possède, pauvreté devient vice.

Aussi l'argent est-il le vrai dieu du monde, celui qui en a chassé tous les autres, et l'amour lui-même ! Si l'amour fait rage, l'argent seul fait mariage ; les cœurs les plus jeunes savent compter.

Quant à la politique, les mots sont différents, mais les résultats sont pareils. Les gouvernements représentatifs se distinguent en ceci des gouvernements absolus : qu'au lieu d'agir sans façon et à leur fantaisie ils assemblent les représentants du pays et les consultent, quand ils sont décidés à n'en faire qu'à leur tête.

On a, du reste, défini ainsi un roi constitutionnel : « Un prince toujours mal assis sur un trône inébranlable. » Et cette définition, qui n'est pas d'hier, serait restée bonne, s'il y avait en effet quelque chose d'inébranlable en ce monde.

XXV

Le navire *l'Espérance*.

Nous étions sur le bord de la mer.

Le beau navire ! Une barque légère s'en détacha et glissa vers nous; un seul rameur la dirigeait; il nous fit un signe.

— « Encore ce pas, » dis-je à Jacques.

Soudain une jeune et belle femme, qu'un rocher avait cachée à nos yeux, s'avança vers nous; elle était vêtue de deuil :

« Si vous avez une femme, si vous avez un enfant, me dit-elle en me montrant ses vêtements noirs; si vous n'êtes pas seul en ce monde, si vous aimez, c'est-à-dire si vous vivez ailleurs qu'en vous-même, s'il est un lieu de la terre où vous soyez attendu, n'affrontez pas la mer !

— Je ne partirai pas, » dis-je à Jacques.

En ce moment, des chants harmonieux venus du beau navire traversèrent l'espace et, comme une musique céleste, arrivèrent jusqu'à nos oreilles en sons doux et caressants. L'Aurore sortit du sein des eaux. Devant son front radieux, les vapeurs du matin disparurent, le ciel sans limites s'ouvrit devant nous ; — la barque était à nos pieds, apportée par la vague paisible.

Celui qui contemple l'abîme lui appartient ; déjà nous avions quitté la terre, et la brise empressée, soulevant doucement notre esquif, nous avait poussés vers le brillant navire.

Sur sa poupe, on voyait représentée en relief, et avec un art exquis, l'histoire de tous les navigateurs célèbres qu'il avait conduits aux découvertes dont s'est agrandi le monde, et les faits principaux qui avaient signalé ces découvertes. Les voiles étaient d'un tissu si fin et si solide, si transparent et si impénétrable, qu'elles se confondaient avec le vent, dont elles avaient la couleur, sans en perdre le plus léger souffle.

Des banderoles, vert et or, que la main d'une fée pouvait seule avoir brodées, flottaient au-dessus de chacun de ses mâts, qui, si grands qu'ils fussent, semblaient être sortis des ateliers d'un bijoutier, tant les ciselures et les incrustations de toutes sortes dont ils étaient ornés jusqu'à la cime étaient d'un travail précieux; et pour couronner cette œuvre merveilleuse, on voyait des groupes de petits anges, avec leurs ailes déployées, voltiger entre les cordages, qui étaient tous, même les plus gros, tressés de fils d'or, d'argent et de soie, et faire l'office de mousses avec une grâce extraordinaire et un ordre parfait.

Les passagers avaient ces mines hautes et fières qui appartiennent à ceux qu'attendent de nobles destinées; et, quant aux matelots, ils avaient tous l'air d'être, pour le moins, des princes déguisés.

Debout sur le pont, et parée d'une robe aux mille couleurs, les cheveux flottants, un bras tendu vers nous, comme vers des hôtes attendus, se tenait, entourée de ses compagnes, gracieuses comme elle, une femme, que dis-je! une déesse au sourire divin. Des fleurs naissantes couronnaient sa tête; sur son front brillait une étoile, et sur son sein dormait un enfant beau comme l'Amour, si ce n'était pas l'Amour lui-même.

« Je suis l'Espérance, dit-elle; soyez les bienvenus.

— L'Espérance! dit Jacques, troublé, en jetant sur elle un regard de défiance.

— L'Espérance, dit le fou, c'est-à-dire la sœur du Sommeil, qui suspend les peines, et de la Mort, qui les finit. »

A peine avions-nous mis les pieds sur le navire enchanté, qu'un vent propice enflant ses voiles diaphanes, nous fûmes emportés vers des régions inconnues.

Et les gais matelots chantaient ainsi :

« Celle qui embellit le présent, toujours triste, des rêves brillants de l'avenir, c'est l'Espérance.

« Le moment n'est rien.

« Hier était quelque chose, aujourd'hui n'est que la veille de demain; mais demain est si beau!

« Entre le passé enchanté et l'avenir enchanteur, que peut faire le présent, lui qui n'est qu'un simple mortel, si ce n'est de nous conduire de l'un à l'autre, guidé lui-même par l'Espérance ? »

Et une des jeunes filles, prenant une harpe, chanta à son tour :

« Celui qui a tout perdu n'a rien perdu, si je lui reste; car c'est moi qu'on a nommée l'indomptable Espérance, celle que rien n'abat, celle qui survit à tout.

« C'est grâce à moi qu'on supporte la vie.

« C'est grâce à moi qu'on cherche la mort ; car le temps lui-même m'appartient, et je suis ce qui manque à chacun.

« J'ai pour sœur l'Illusion, qui a des chants divins pour les douleurs humaines, qui endort tous les maux ; j'ai pour ennemi le Vrai, qui de sa voix grossière les réveille.

« Le Vrai est l'ennemi de l'homme.

« Quand, las de déchirer en vain le sein d'une terre ingrate, le laboureur épuisé abandonne sa charrue, c'est moi qui lui montre ses moissons déjà mûres ; et le sillon interrompu s'achève.

« Vient l'orage qui détruit tout, — mais il a espéré.

« Quand une tombe se ferme, et que sous la lourde pierre semblent ensevelies à jamais, avec ce que tu as aimé, toutes les joies de ta vie, c'est moi qui soulève cette pierre et qui en fais sortir celui d'où te viendra, qui que tu sois, la consolation, mon frère, l'aimable Oubli.

« L'Oubli, par qui tu seras infidèle sans remords. »

Le navire fendait toujours les flots dociles ; mais la jeune fille avait cessé de chanter et les matelots avaient cessé d'écouter.

Le soleil s'était emparé de l'univers. C'est à

peine si un léger nuage, qui semblait comme un point sur la pourpre du ciel, faisait tache à la splendeur de cette belle journée.

La main sur le gouvernail, le pilote contemplait l'espace et semblait l'interroger.

Bientôt, sur un geste de lui, les barques furent mises à la mer.

L'Espérance avec son charmant cortége y descendit. — Elle nous jeta, en nous quittant, un doux adieu et un plus doux sourire; puis elle s'éloigna, et cette séparation fut si subite, que nous ne songeâmes même pas à la retarder.

Longtemps nous suivîmes des yeux la voile inconstante qui la poussait vers de nouveaux rivages; mais elle ne devait point revenir, et le regard qu'elle nous avait jeté en partant avait été le dernier.

Quand la barque eut disparu tout à fait, et que nous reportâmes les yeux sur ce qui nous entourait, tout était changé autour de nous. Comme l'Espérance, le soleil lui-même semblait nous avoir abandonnés; des nuages s'étaient amoncelés sur nos têtes, et notre navire ressemblait à tous les navires.

XXVI

Sages paroles d'un fou.

« Que me contez-vous là? nous dit l'homme sans cervelle; — ces matelots ont toujours été de pauvres matelots; ces passagers sont de bonnes gens, qui maudissent, à l'heure qu'il est, l'envie qu'ils ont eue de courir le monde; — ce pont n'a pas cessé d'être ce que vous le voyez, c'est-à-dire fragile. — Le soleil s'était levé, je vous l'accorde; mais la tempête l'a chassé, et, si vous voulez bien regarder le pilote, vous lirez dans les plis de son front que nous sommes perdus. »

Et, en effet, nous étions perdus.

Les vents, tout d'un coup déchaînés, courant à travers nos cordages, secouaient nos voiles avec furie, et courbaient notre navire sur les flots, dont la colère nous repoussait bientôt vers les cieux ; la Peur aux pieds de plomb avait fait de chaque homme de l'équipage une statue ; pas un ne bougeait, et la mort était si près de nous, que pas un non plus ne criait, les plaintes elles-mêmes ayant cessé.

Les craquements de notre vaisseau, dont les flancs déchirés s'emplissaient de tous côtés, se mêlaient seuls aux mille clameurs de l'abîme.

On nous fit jeter à la mer tous nos bagages.

« Jetez, disait l'homme sans cervelle, jetez jusqu'au luth des séraphins, jusqu'aux ancres d'or ! n'oubliez ni les banderoles, ni les devises ; et, quand vous aurez tout jeté, faites un dernier paquet de vos espérances, et jetez-le avec le reste.

« Réjouissez-vous donc, disait-il encore, tous tant que vous êtes ; vous allez mourir loin de ce que vous aimez : les larmes de vos amis vous feraient mourir une heure plus vite, et plus mal. »

Et à de pauvres diables qui se désespéraient : « La tempête est un voleur de grand chemin qui sait son métier : — tout le monde ne peut pas arriver à bon port. — Que deviendrait la terre si la mort ne fauchait pas quelquefois ce pré, où la vie sème sans cesse ? — C'est une surprise que nous fait le destin ; aimeriez-vous mieux mourir de la peste ou de la faim? Priez, l'eau ne lave pas toutes les souillures. »

Et, s'agenouillant lui-même :

« Le malheur fait plus d'amis à Dieu que le bonheur, et on dit que nous sommes braves! »

Nous songeâmes un instant à abandonner le vaisseau; mais l'homme sans cervelle s'y refusa.

« Je m'y trouve aussi bien qu'ailleurs pour mourir, nous dit-il; le mal qu'on se donne pour vivre est incroyable. »

Tout à coup, un dernier, un horrible craquement se fit entendre; Jacques, que son sang-froid n'avait pas abandonné un instant, et qui aurait sauvé le navire s'il avait pu l'être, me saisit par la main. Je sentis vaguement que le pont s'abîmait sous mes pieds, et je perdis connaissance.. . . . . . .

XXVII

« Le fond de l'abîme. — Entrez donc ! »

Quand je rouvris les yeux, Jacques et moi, nous voguions seuls, seuls avec la tempête, sur la mer en courroux. Il ne restait de notre navire que le mât sur lequel je me trouvais, grâce à Jacques sans doute, accroché.

« Voilà, me dit-il, une tempête qui doit être belle à voir du rivage. »

Un coup de tonnerre lui répondit !

« Marie ! Marie ! » m'écriai-je.

Au même instant, et au milieu des mugissements des flots et des éclats de la foudre, il me sembla entendre, mais entendre distinctement, trois petits coups, comme ceux qu'un visiteur discret aurait frappés à une porte.

Ce bruit insignifiant, ce bruit impossible, se faisant entendre dans un moment pareil, me remplit d'une terreur si grande, que j'oubliai tout, et l'ouragan, et l'abîme, et les vagues montant jusqu'aux cieux, et la mort, dont, un instant auparavant, il me semblait déjà sentir sur moi la main glacée, pour prêter l'oreille de nouveau.

Et la tension de mon esprit fut telle, et je m'isolai si bien de tout autre bruit, que je créai autour de moi comme un silence nouveau, au milieu duquel je pouvais entendre et compter les battements mêmes de mon cœur.

Ce fut alors qu'une seconde fois j'entendis, avec une angoisse inexprimable, le bruit que font trois coups frappés à une porte. Bien plus, ces trois coups me rappelèrent ceux que Jacques avait frappés chez moi, quand, par sa présence inattendue, il était venu m'arracher à mes rêves de bonheur et au lendemain fortuné qui m'attendait.

Évidemment, ces trois coups étaient frappés à une porte; bien plus! c'était à ma porte même qu'on frappait, et mon oreille, devenue un instant infaillible, n'en pouvait plus douter.

Mais ce bruit, à cette heure suprême, ce bruit qui semblait annoncer une visite à un homme qui n'avait plus qu'à mourir, ce bruit que j'entendais et qui n'existait pas, et qui ne pouvait pas être entendu, d'où venait-il? et où étais-je? Ma raison s'égara, et mon épouvante fut telle, que j'abandonnai le mât qui me séparait encore de l'abîme; mes mains crispées trouvèrent une dernière fois la force de se joindre :

« Mon Dieu! m'écriai-je, mon Dieu et Marie! »

Puis l'air me manqua. Je descendais dans un gouffre sans fond, entraîné par un monstre hideux, le démon des voyages, dont les mille bras m'étreignaient à la fois; ses griffes s'enfonçaient dans mes chairs; mon sang battait dans mes tempes, des montagnes d'eau comprimaient ma poitrine, mes yeux éperdus entrevoyaient des poissons gigantesques, des créations bizarres, des forêts flottantes, des mondes nouveaux; j'étais tour à tour emporté dans des courants d'eaux chaudes, et arrêté par des écueils de glace. — J'allais mourir, que sais-je? j'étais mort peut-être.

A cet instant, au dernier souffle de ma vie en ce monde ou au premier de ma vie dans l'autre, j'entendis, pour la troisième fois et comme une moquerie du destin, le bruit de ces trois coups, qu'une main, je ne sais laquelle, aurait frappés à une porte; — et ces trois coups étaient si nets, si précis, et ils témoignaient si bien de l'impatience obstinée, quoique timide, qu'avait celui qui frappait de recevoir une réponse, que, cédant à un mouvement auquel je ne saurais assigner de raison, et faisant un effort immense pour produire un peu de vide autour de moi, et parler :

« Entrez! m'écriai-je, entrez donc! »

Dis-toi, lecteur bienveillant, que, quand, du sein des flots où j'étais englouti, je vis s'ouvrir la porte de ma chambre, une porte qui devait bien être éloignée de moi de quinze ou dix-huit cents lieues, je dus être plus étonné que tu ne saurais l'être de l'entendre seulement raconter.

Ma porte s'ouvrit donc.

Et, s'étant ouverte, elle donna passage à un tout petit homme dont je n'ai encore rien dit, parce que je n'ai rien eu à en dire.

Comme beaucoup de petits hommes, il était très-gros, et, pour le reste, il ne différait en rien, depuis les pieds jusqu'à la tête, de ce que peut être un tailleur allemand. J'ajouterai qu'ainsi que la plupart de ses confrères il s'appelait Kolb.

XXVIII

Mon habit de noces.

« C'est l'habit de M. Franz, me dit Kolb d'un air triomphant, son habit de noces! »

Et il ajouta, mais avec plus de modestie :

« Le pantalon et le gilet ne sont pas encore tout à fait terminés, mais vous les aurez dans deux heures. »

XXIX

La vie est un songe.

> Que de choses j'ai rêvées!
> — CALDERON. —
>
> Tout arrive.
> — *Idem.* —

« Que diable me dites-vous là? m'écriai-je indigné; il s'agit bien d'habit, et de pantalon, et de gilet! Parlez-moi de l'espérance, monsieur Kolb, et du navire englouti, et de Jacques, et de la mort, et des monstres sous-marins, et de l'univers bouleversé, et de Marie à jamais perdue! »

Ici, la figure de Kolb prit une expression singulière; au lieu de me répondre, il regarda la porte, dans l'intention évidente de s'enfuir; mais je m'opposai à son projet, et, le saisissant par le bras :

« Kolb, lui dis-je, mon bon monsieur Kolb, au nom de Dieu, dites-moi la vérité : où sommes-nous ? comment vous trouvez-vous ici ? est-ce que nous n'avons pas cent pieds d'eau par-dessus la tête ? »

Mais Kolb était déjà bien loin : ayant fait un effort désespéré pour se dégager, il était parvenu à m'échapper, laissant entre mes mains — mon habit neuf !

« M. Franz est fou ! » criait Kolb au milieu des escaliers.

Peu à peu mon sang avait repris un cours plus régulier ; l'air froid venu de la porte, laissée ouverte par Kolb épouvanté, avait frappé mon visage et ranimé mes esprits. Je restai quelque temps encore dans cet état qui n'est ni la veille ni le sommeil ; puis ma vue s'éclaircit tout à fait. Grâce au ciel, j'étais éveillé. — J'étais dans ma chambre,— ma chère petite chambre bleue, — pareille en tout à celle de Marie. — C'était bien cette belle image de la Vierge devant laquelle, dans mes bons jours, je ne passais pas sans émotion ; et sur ma cheminée était encore ce brin de buis bénit que m'avait donné Marie et que j'avais cru emporter avec moi lorsque, dans mon rêve, Jacques m'avait entraîné à sa suite. C'était bien ma pipe, pourquoi oublierais-je ma pipe? et à côté de ma pipe ce redoutable kanaster, dont la fumée, mêlée aux souvenirs confus de mes années de voyage, avait produit tous les fantômes de cette nuit agitée. — C'était dans mon fauteuil que je m'étais endormi, que j'avais couru les aventures, que j'étais parti enfin et revenu; mais de coursiers ailés et de navires, de voyages, et de naufrages, et de morts, il n'était pas question. Je n'avais fait qu'un rêve, et — qu'on me le pardonne — un mauvais rêve.

Que si ce rêve te semble un peu long, cher lecteur, je te dirai avec un sage que, la vie étant un songe, l'homme qui naît s'endort, que la mort seule le réveille, et que, bien que tu te croies parfaitement éveillé en ce moment, tu t'apercevras peut-être un jour — que, comme moi, tu n'as fait qu'un rêve jusqu'ici.

Pour moi, quand j'eus les yeux tout grands ouverts, je me jetai à genoux. J'étais seul; mais je l'eusse fait devant l'univers assemblé, et je remerciai Dieu de m'avoir réservé pour leçon ce dernier voyage, et de ne m'avoir puni qu'en songe. Puis, comme c'était bien mon habit neuf que j'avais entre les mains, — je l'essayai.

Je dois dire à la louange de Kolb qu'il m'allait à merveille. Si Kolb était de parole pour le surplus, je pourrais donc, dans deux heures, m'aller montrer, vêtu des pieds à la tête comme un marié, à celle qui allait devenir ma compagne. Mais, de ces deux heures, que faire? L'idée me vint de les employer à garder un souvenir de ma nuit fantastique, à écrire cet invraisemblable récit, et je m'infligeai résolûment cette cruelle punition.

Pardonne-moi, lecteur, de te la faire partager. C'est bien malgré moi que je m'y résigne. Pourtant, si la série de ces aventures grotesques ou lamentables te guérissait à jamais de la manie des voyages, conviens avec moi qu'en faisant un méchant livre j'aurais fait, du moins, une bonne action.

XXX

Complément du journal de Franz.

Huit heures sonnèrent. Ma porte était restée entr'ouverte. Kolb entra furtivement dans ma chambre, mon pantalon et mon gilet à la main. Me voyant en train d'écrire, il posa doucement ces précieux objets sur le dos d'un fauteuil et s'en alla sans souffler mot. Le pauvre Kolb n'était pas encore rassuré. Je m'habillai.

La ville venait de s'éveiller. Je n'oublierai jamais que la première figure de connaissance que j'aperçus, en ouvrant ma fenêtre, fut celle d'une bonne vieille mère cigogne qui, depuis longtemps, avait établi son nid sur la cheminée de la maison du tonnelier, qui fait face à la nôtre. Vous dire le plaisir que j'eus à revoir, debout sur le seuil de sa paisible demeure, cet excellent oiseau, je ne l'essayerai pas, car je serais assuré de n'y point réussir : j'étais si heureux de retrouver ces maisons connues, ces lieux, ces visages amis, que tout me semblait avoir un air de fête, et que je me sentais au cœur comme une seconde jeunesse.

Bref, ayant, avant d'arriver chez Marie, rencontré le vieux major, j'appris de lui deux bonnes nouvelles : la première, c'est que mon mariage ne serait différé que jusqu'au lendemain (ah! lecteur, la belle chose que la veille d'un jour longtemps attendu ! — on va avoir ce que l'on désire et on ne l'a pas encore —); la seconde, c'est que Jacques venait d'arriver, non le Jacques de mon rêve, mais le cher et bon et aimable Jacques dont j'ai fait le portrait au début de ce récit.

XXXI

Voyage où il vous plaira.

Notre mariage se fit à quelques lieues de la ville, dans une jolie petite chapelle où, de temps immémorial, les gens du pays qui tenaient essentiellement à être heureux dans leur ménage, allaient se marier de préférence.

Pendant le trajet, le vieux major, qu'on n'avait jamais vu en si belle humeur, ne cessait de dire aux jeunes gens et aux jeunes filles qui nous accompagnaient :

« Regardez bien ce chemin, mes enfants, et, comme autrefois le petit Poucet dans la forêt, semez-le de cailloux blancs et de bons souvenirs pour être sûrs de le reconnaître; car c'est un chemin *où il vous plaira* de revenir.

— Ainsi soit-il! répondaient tout haut les jeunes gens.

— Ainsi soit-il! » disaient tout bas les jeunes filles.

Notre noce, dit-on, fut superbe. Elle dura trois longs jours : on y dîna, on y soupa, on y dansa, on y valsa; il y fut tiré un grand nombre de coups de fusil, et il s'y fit tout ce bruit qu'à tort ou à raison on a coutume de faire autour des gens qui se marient; mais enfin, Dieu merci, chacun rentra chez soi.

Je m'arrête ici, cher lecteur. Il faut cent pages pour raconter un chagrin, mais le bonheur ne se raconte pas, et ne se doit pas raconter. Il en est de lui comme d'un secret : celui qui le garde le mieux, c'est celui qui se tait.

J'aimais Marie, et j'étais son mari. Ceci est tout à la fois la suite et la fin de mon histoire.

Un mot sur Jacques, cependant.

Au moment de nous quitter, nous montrant l'horizon qui s'étendait à l'infini devant nous :

« Mes bons amis, nous dit-il, le monde est si grand, qu'il est dur d'y être seul; c'est pourquoi sans doute on s'y marie. Et rien de mieux; car le nom d'épouse est le plus doux qu'on puisse donner à une femme. Il n'y a, ici-bas, de durable amour que celui qui a pour frère aîné le devoir, de façon que, si l'un sommeille, l'autre veille, et qu'ainsi l'honneur puisse rester. Vous voilà deux, et dans les conditions les plus favorables au bonheur, les seules, j'en atteste tous ceux, sans exception, qui l'ont cherché, qui le cherchent ailleurs, les seules où on puisse le fixer. Ménagez le vôtre, mes amis, et que le ver ne se mette jamais dans cette fleur de votre vie; il faut au bonheur lui-même un régime. Quoi de plus triste qu'un bonheur perdu?

« Pour toi, Franz, regarde devant toi et non derrière; plus de voyages; et n'oublie pas que souvent l'amour meurt parce qu'on ne fait pas, pour le conserver, tout ce qu'on avait fait pour l'inspirer. »

Ayant alors serré la main du vieux major, dont il était le favori, et nous avoir bien promis de revenir, Jacques nous dit adieu.

Après quoi, — obéissant à sa destinée, —

Il s'en alla comme il était venu.

POST-SCRIPTUM.

J'avais jeté dans un tiroir quelconque les papiers de Franz. Il m'arriva, un jour qu'il pleuvait, de me mettre à les lire, et je trouvai que si ces pages avaient le tort, comme on dit en France, de n'avoir ni queue ni tête, elles pouvaient mériter cependant, par quelques détails, de n'être point tout à fait perdues. Je priai donc Franz, un soir qu'il vint me voir, de les relire avec moi et de les compléter à l'usage du public.

Il le fit à ma prière, mais sans bonne grâce et en homme qui ne se souciait pas de voir fixés sur le papier les fantômes de la pire nuit dont il eût gardé le souvenir. Ce complément du journal de Franz, destiné à être le dernier chapitre de ce récit et à le compléter, m'avait paru un peu bref.

« Sois tranquille, me répondit Franz, un livre ennuyeux est toujours assez long; le lecteur ne se plaint jamais de ce qu'on ne lui dit pas. »

TABLE DES MATIÈRES

HISTOIRE D'UN HOMME ENRHUMÉ.

Introduction. — Les douze pigeons de mon voisin.. 1
I. Lichtenthal. — Le docteur X. — Question des nez et des mouchoirs. — Le petit Paul. 9
II. Opinion du docteur sur les larmes des femmes. — Histoire de la première larme. — Je quitte Baden. . . 20
III. Digression et divagation à l'usage des lecteurs qui ne sont pas pressés. — Théorie de l'ordre et du désordre. 26
IV. Seconde digression, où le lecteur qui ne voudra pas perdre tout à fait le fil de ce récit fera bien de me suivre. — Sagesse des fous et des enfants. — Une nièce de Charles Nodier. — Quel est le fruit du chêne?. 31
V. Suite des deux précédentes divagations, autre exemple. Mademoiselle Thècle et le Chaperon-Rouge. — Théorie de la galette. 35
VI. Où il est démontré qu'il n'y a pas un mot de trop dans ce qui précède et que ce qui a paru le plus inutile

TABLE DES MATIÈRES.

	était évidemment nécessaire. — Trajet de Mayence à Coblence. — Changements à vue. — Charivari de nez	44
VII.	De la supériorité des brouillards allemands. — Une idée du purgatoire. — Éloge de la pluie	50
VIII.	Les Allemands vus du mauvais côté. — De la solennité. Le vrai gain des voyages	54
IX.	Les peuples se jugent sans se connaître	60
X.	Méditation	63
XI.	Où l'on entrevoit l'homme enrhumé. — Conséquence d'un rêve de jeunesse. — Triste sort d'un journal	66
XII.	Réponse de l'ombre. — Commencement de l'histoire d'un homme enrhumé. — Présence d'esprit d'une vieille Anglaise	75
XIII.	*Maxima in minimis*. — La cabine des fumeurs. — Confidences. — Lettre de la femme de l'homme enrhumé à son mari	81
XIV.	De Bingen à Coblence. — De Coblence à Ems. — Ems à onze heures du soir. — Le Kursaal. — La villa Balzer	95
XV.	Réveil à Ems	101
XVI.	Kemmenau. — Inscriptions découvertes par l'auteur sur les parois de la vieille tour. — Le gardien de la tour	104
XVII.	La belle vue près de Kemmenau	109
XVIII.	Ce que j'appris de Frédérique en mangeant trois omelettes	114
XIX.	Récit de Frédérique. — Le père du petit Paul. — Sa mère. — La prière d'une veuve	125
XX.	Bon cœur et bon sens de Frédérique. — Elle vient avec moi à Arzbach	136
XXI.	La route par les hauteurs. — Blasphème. — Descente sur Arzbach. — Le cimetière. — La mère du petit Paul	142
XXII.	La mort	151
XXIII.	L'orphelin. — Frédérique. — Ce que le curé d'Arzbach m'apprit du père et de la mère du petit Paul	154
XXIV.	Comment le docteur X*** devint grand-père	160
XXV.	Le petit Paul	163

TABLE DES MATIÈRES.

XXVI. Juste retour vers un personnage oublié. — Avis aux touristes du Rhin. — Le lai de Roland. — Comment il faut aller de Cologne au Drachenfels. — Éloge des montagnes. — Fin de l'histoire de l'homme enrhumé. 166
XXVII. Rencontre sur le Drachenfels. — Dénoûment providentiel de l'histoire de l'homme enrhumé. 175

VOYAGE OU IL VOUS PLAIRA.

Préface de la sixième édition 185
Avant-propos. 189
Portrait d'un homme entiché des voyages. — Comment le récit de sa dernière aventure est venu entre nos mains 193

JOURNAL DE FRANZ.

I. A quoi je pensai au coin de mon feu. 198
II. Arrivée inattendue de mon ami Jacques. 204
III. Jacques. 205
IV. Comment se font les folies. 208
V. Questions sans réponses. 210
VI. Où allons-nous?. 213
VII. Les fleurs des bois. 218
VIII. Plus de peur que de mal. 230
IX. Un nid d'amoureux. — Suicide d'un berger. — Remedia amoris. 232
X. Les amours du petit Job et de la belle Blandine . . . 239
XI. Où il est question de Loth et de sa femme. — Opinion d'Arlequin appuyée par le bedeau de la paroisse. . . 258
XII. Visions. 261
XIII. La vie et la mort. 264

XIV.	Embarras à la suite d'un incendie	268
XV.	Ce qu'étaient les étoiles du temps de ma mère	272
XVI.	Menus propos sur les femmes à l'occasion d'une bergère	276
XVII.	Heureuse rencontre que nous fîmes de l'homme au grand chapeau	281
XVIII.	Histoire de l'homme au grand chapeau	284
XIX.	Opinion de l'homme sans cervelle sur les voyages	301
XX.	Ce qu'on voit sur les grands chemins	308
XXI.	Les Français à Paris	314
XXII.	Un jour à Londres	317
XXIII.	Où le lecteur fera le tour du monde en trois minutes	328
XXIV.	Propos légers d'un bandit qu'on allait pendre, et ce qu'était le plus beau des Italiens	332
XXV.	Le navire *l'Espérance*	337
XXVI.	Sages paroles d'un fou	343
XXVII.	Le fond de l'abime. — Entrez donc!	346
XXVIII.	Mon habit de noces	350
XXIX.	La vie est un songe	351
XXX.	Complément du journal de Franz	355
XXXI.	Voyage où il vous plaira	357

FIN DE LA TABLE.

Paris. — J. Claye, imprimeur, 7, rue Saint-Benoît.

OUVRAGES DE P.-J. STAHL.

Volumes in-18 à 3 francs.

LES BONNES FORTUNES PARISIENNES, 3ᵉ édition. . . .	1 vol.
VOYAGE D'UN ÉTUDIANT, 3ᵉ édition.	1 vol.
HISTOIRE D'UN HOMME ENRHUMÉ et VOYAGE OU IL VOUS PLAIRA, 3ᵉ édition.	1 vol.
BÊTES ET GENS, 3ᵉ édition.	1 vol.
CHAMFORT, édition STAHL, précédée d'une HISTOIRE DE CHAMFORT, 2ᵉ édition.	1 vol.
LES AVENTURES DE TOM POUCE, illustré.	1 vol.

Volumes in-32 à 1 franc.

HISTOIRE D'UN PRINCE ET D'UNE PRINCESSE, 4ᵉ édition.	1 vol.
LES BIJOUX PARLANTS.	1 vol.
L'ESPRIT DES FEMMES, 6ᵉ édition.	1 vol.
THÉORIE DE L'AMOUR ET DE LA JALOUSIE, 3ᵉ édition. .	1 vol.
LETTRES SUR LA PROPRIÉTÉ LITTÉRAIRE ET LE DOMAINE PUBLIC PAYANT.	2 fr.

MAGASIN D'ÉDUCATION ET DE RÉCRÉATION

publié sous la direction

DE P.-J. STAHL ET JEAN MACÉ

Paraissant tous les quinze jours par livraison de 32 pages, illustré par nos meilleurs artistes. — Prix de l'abonnement, par an : 12 fr. — Par la poste : 14 fr. — Prix de la livraison, 50 centimes ; *franco*, 60 centimes.

PUBLICATIONS ILLUSTRÉES

DE LA MAISON J. HETZEL

EN VENTE, RUE JACOB, 18.

LES CONTES DE PERRAULT, préface de Stahl. Splendide édition in-folio, illustrée par GUSTAVE DORÉ. Riche reliure anglaise. 3ᵉ édition. . 70 fr.

LES ENFANTS (*le Livre des Mères et des Jeunes Filles*), la fleur des poésies de Victor Hugo ayant trait à l'enfance, par VICTOR HUGO, illustrée par FROMENT. . . . . 15 »

LA COMÉDIE ENFANTINE, par LOUIS RATISBONNE, riche édition illustrée par GOBERT et FROMENT. — *Ouvrage couronné par l'Académie.* — 5ᵉ édition (1ʳᵉ série). 1 vol. in-8. . . . . 10 »

NOUVELLES ET DERNIÈRES SCÈNES DE LA COMÉDIE ENFANTINE, à l'usage du second âge, par LOUIS RATISBONNE, illustrées par FROMENT. Riche édition pareille à la première série. Gravures à part, d'après FROMENT, tirées en couleur. 1 beau vol. sur vélin (dernière série). . . . . 10 »

LES CONTES DU PETIT-CHATEAU, par Jean
Macé (auteur de l'Histoire d'une Bouchée de
pain), illustrés par Bertall. 1 beau vol. in-8. . 10 fr.

LE THÉATRE DU PETIT-CHATEAU, par Jean
Macé. 1 beau vol. in-8 sur vélin, illustré par
Froment. . . . . 10 »

LES AVENTURES D'UN PETIT PARISIEN, par
Alfred de Bréhat. — *Cet ouvrage est destiné
à faire pendant au Robinson Suisse.* — 1 beau
vol. in-8, illustré par Morin. . . . . 10 »

LES FÉES DE LA FAMILLE, par Mme S. Lockroy.
1 beau vol. in-8, illustré par de Doncker . . . 10 »

RÉCITS ENFANTINS, par E. Muller, illustrés par
Flameng. . . . . 10 »

PICCIOLA, par Xavier Saintine, 37ᵉ édition, illustrée à nouveau par Flameng. 1 vol. . . . . . 10 »

LE VICAIRE DE WAKEFIELD, traduit par Charles Nodier, illustré de dix belles gravures sur
acier par Tony Johannot. Grand in-8. . . . . 10 »

LES BÉBÉS, poésies de l'enfance, par le comte de
Gramont, illustrés par Oscar Pletsch. 1 vol. . 10 »

LA VIE DES FLEURS, par Eugène Noel, illustrations de Yan d'Argent. 1 vol. . . . . 8 »
    Ouvrage de tous les âges.

L'ARITHMÉTIQUE DU GRAND-PAPA (*Histoire de
deux Petits Marchands de pommes*), par Jean
Macé, illustrations de Yan d'Argent. 1 vol. . . 6 »

LE PETIT MONDE, par Charles Marelle. 1 vol.	6 fr.
LES BONS PETITS ENFANTS (vol. en prose), par le comte de Gramont, vignettes par Ludwig Richter. 1 vol..	6 »
TRÉSOR DES FÈVES ET FLEUR DES POIS, par Charles Nodier, illustré par Tony Johannot. In-18	3 »
LA BOUILLIE DE LA COMTESSE BERTHE, par Alex. Dumas, illustrée par Bertall. In-18.	3 »
LA JOURNÉE DE MADEMOISELLE LILI, 1 joli vol.-album grand in-8 sur vélin. Vignettes par Frölich, texte par un Papa. Cartonné. 7ᵉ édit..	3 »
Le même ouvrage, richement cartonné, avec plaques spéciales, doré sur tranche..	5 »
—— Traduit en anglais, cartonné.	3 »
—— Traduit en allemand, dᵒ	3 »
—— Traduit en suédois, dᵒ	3 »
L'HISTOIRE DU GRAND ROI COCOMBRINOS, par Mick Noel. Cartonné	3 »
LES MÉSAVENTURES DU PETIT PAUL, silhouettes enfantines, par Mick Noel. Cartonné..	2 »
LE SECRET DES GRAINS DE SABLE, géométrie de la nature, avec figures et vignettes, par Mᵐᵉ Marie Pape-Carpantier. 1 vol. in-18.	3 »
LETTRES SUR LES RÉVOLUTIONS DU GLOBE, par Bertrand, 7ᵉ édition, publiée et annotée	

par J. BERTRAND, de l'Institut, enrichie de notes par ARAGO, BRONGNIART, ÉLIE DE BEAUMONT, etc. 1 vol. in-18, avec vignettes . . . . 3 fr. 50

J. HETZEL ET HACHETTE.

LE NOUVEAU MAGASIN DES ENFANTS. Édition in-8. 4 séries (publié sous la direction de P.-J. STAHL.) Chacune se vend séparément. . . . . 10 »

LES ROMANS CHAMPÊTRES (œuvre choisie de GEORGE SAND. — *La Mare au Diable.* — *François le Champi.* — *La Petite Fadette.* 2 vol. in-8 illustrés. (Édition HETZEL, maison HACHETTE.) Chaque volume . . . . 10 »

BIBLIOTHÈQUE

D'ÉDUCATION ET DE RÉCRÉATION

JOLIES ÉDITIONS IN-18 SANS VIGNETTES.

HISTOIRE D'UNE BOUCHÉE DE PAIN, par Jean
  Macé. 12ᵉ édition. 1 vol. . . . .   3 fr.

L'ARITHMÉTIQUE DU GRAND-PAPA (*Histoire
  de deux Petits Marchands de pommes*), par
  Jean Macé. 3ᵉ édition. 1 volume . . . .   3 »

LES CONTES DU PETIT-CHATEAU, par Jean
  Macé. Nouvelle édition. 1 volume . . . . . .   3 »

CINQ SEMAINES EN BALLON, par Jules Verne.
  3ᵉ édition. 1 volume. . . . .   3 »

LA COMÉDIE ENFANTINE et les dernières
  scènes de la comédie enfantine, par Louis
  Ratisbonne. Les 2 séries en 1 volume. . .   3 »

AVENTURES D'UN PETIT PARISIEN, par Alfred
  de Bréhat. Nouvelle édition. 1 volume . . . .   3 »

LETTRES SUR LES RÉVOLUTIONS DU GLOBE, par Alex. Bertrand. 7ᵉ édition, avec vignettes. 1 volume. 3 50

LE SECRET DES GRAINS DE SABLE, *Géométrie de la Nature*, par Mᵐᵉ Marie Pape-Carpantier. 1 volume avec figures et vignettes. . . . . . . 3 fr.

L'INVASION ou LE FOU YÉGOF, par Erckmann Chatrian. 1 volume. . . . . 3 »

LES TEMPÊTES, par E. Margollé et Zurcher. 1 volume. . . . . 3 »

PETITES IGNORANCES DE LA CONVERSATION, par Ch. Rozan. 4ᵉ édition. 1 volume. . . . . 3 »

LE ROBINSON SUISSE, traduction entièrement nouvelle, par Eugène Muller, revue et mise au courant de la science moderne, par P.-J. Stahl. 1 volume in-12. . . . . 3 »

CONSEILS A UNE MÈRE sur l'éducation littéraire de ses enfants, par Sayous. 1 volume in-18. . . . . 3 »

VOYAGES ET AVENTURES DU BARON DE WOGAN. 1 volume in-18. . . . . 3 »

Envoi franco de tous ces ouvrages contre le prix indiqué en mandats de poste ou en timbres-poste.

COLLECTION HETZEL
18. RUE JACOB

Beaux volumes in-18 à 3 francs

JEAN MACÉ. — HISTOIRE D'UNE BOUCHÉE DE PAIN. 1 vol. — L'ARITHMÉTIQUE DU GRAND-PAPA, *histoire de deux petits Marchands de pommes*. 1 vol. — CONTES DU PETIT-CHATEAU. 1 vol.
JULES VERNE. — CINQ SEMAINES EN BALLON. 1 vol.
Mme MARIE PAPE-CARPANTIER. — LE SECRET DES GRAINS DE SABLE, *Géométrie de la nature*. 1 vol.
ESQUIROS. — L'ANGLETERRE ET LA VIE ANGLAISE. 4 séries. — LA VIE DES ANIMAUX. 6 vol.
L. BERTRAND. — LES RÉVOLUTIONS DU GLOBE. 7e édit. 1 vol. 3 fr. 50.
PAULIN PARIS. — GARIN LE LOHERAIN. 1 vol.
ROZAN. — PETITES IGNORANCES DE LA CONVERSATION, 4me édition. 1 vol.
DE BRÉHAT. — AVENTURES D'UN PETIT PARISIEN. 1 vol.
L. RATISBONNE. — LA COMÉDIE ENFANTINE. Les deux séries en 1 vol.
EMILIE CARLEN. — UN BRILLANT MARIAGE. 1 vol.
ERCKMANN-CHATRIAN. — LE FOU YÉGOF. 1 vol.
LE BARON DE WOGAN. — VOYAGES ET AVENTURES. 1 vol.
E. MARGOLLÉ ET F. ZURCHER. — LES TEMPÊTES. 1 vol.
EUGÈNE MULLER ET P.-J. STAHL. — LE ROBINSON SUISSE, entièrement revu. 1 vol.
SAYOUS. — CONSEILS A UNE MÈRE SUR L'ÉDUCATION LITTÉRAIRE DE SES ENFANTS. 1 vol.

OUVRAGES ILLUSTRÉS

LES ENFANTS (LE LIVRE DES MÈRES), par VICTOR HUGO. 1 volume in-8°. . . . . 15 fr.
RÉCITS ENFANTINS, par EUGÈNE MULLER. 1 vol. . . . . . 10 fr.
LA VIE DES FLEURS, par EUGÈNE NOEL. 1 vol. . . . . 8 fr.
LE PETIT MONDE, par CHARLES MARELLE. 1 vol. . . . . . 6 fr.
LE THEATRE DU PETIT-CHATEAU, par JEAN MACÉ. 1 vol. 10 fr.
LES FÉES DE LA FAMILLE, par Mme S. LOCKROY. 1 vol. in-8°. 10 fr.
PICCIOLA, par SAINTINE. 1 vol. in-8°. . . . . 10 fr.
LE VICAIRE DE WACKEFIELD, trad. par CH. NODIER. 1 vol. 10 fr.
LES BÉBÉS, par le Comte DE GRAMMONT. 1 vol. in-8°. 10 fr.
LES BONS PETITS ENFANTS, par le Même. 1 vol. in-8°. 6 fr.
LA JOURNÉE DE MADEMOISELLE LILI. Vignettes de Frölich. 3 fr.
LE GRAND ROI COCOMBRINOS, par MICK JOSS. . . . . 3 fr.
LE PETIT PAUL, par le Même. . . . . 2 fr.

MAGASIN D'ÉDUCATION ET DE RÉCRÉATION, publié sous la direction de J. MACÉ et P.-J. STAHL, paraissant tous les quinze jours par livraisons de 32 pages, illustrées par nos meilleurs artistes. — Prix de l'abonnement par an : 12 francs; par la poste : 14 francs. — Prix de la livraison : 50 centimes, et 60 centimes par la poste.

PARIS. — IMPRIMERIE DE J. CLAYE, RUE SAINT-BENOÎT, 7.

www.ingramcontent.com/pod-product-compliance
Lightning Source LLC
Chambersburg PA
CBHW070444170426
43201CB00010B/1208